रामशरण शर्मा

जन्म : 1 सितम्बर, 1920, बरौनी (बिहार)।

शिक्षा : एम.ए., पी.एच.डी. (लंदन); आरा, भागलपुर और पटना के कॉलेजों में प्राध्यापन (1959 तक), पटना विश्वविद्यालय में इतिहास के विभागाध्यक्ष (1958-73), पटना विश्वविद्यालय में प्रोफेसर (1959), दिल्ली विश्वविद्यालय में प्रोफेसर तथा विभागाध्यक्ष (1973-78), जवाहरलाल नेहरू फेलोशिप (1969), भारतीय इतिहास अनुसंधान परिषद् के अध्यक्ष (1972-77), भारतीय इतिहास कांग्रेस के सभापति (1975-76), यूनेस्को की इंटरनेशनल एसोसिएशन फॉर स्टडी ऑफ कल्चर्स ऑफ सेंट्रल एशिया के उपाध्यक्ष (1973-78), बंबई एशियाटिक सोसायटी के 1983 के *कैंपवेल स्वर्णपदक* से सम्मानित (नवम्बर, 1987), अनेक समितियों-आयोगों के सदस्य और भारतीय इतिहास अनुसंधान परिषद् के नेशनल फैलो और *सोशल साइंस प्रोबिंग्स* के संपादक-मंडल के अध्यक्ष भी रहे।

प्रमुख प्रकाशित पुस्तकें : *विश्व इतिहास की भूमिका, आर्य एवं हड़प्पा संस्कृतियों की भिन्नता, भारतीय सामंतवाद, प्राचीन भारत में राजनीतिक विचार एवं संस्थाएँ, प्राचीन भारत में भौतिक प्रगति एवं सामाजिक संरचनाएँ, शूद्रों का प्राचीन इतिहास, भारत के प्राचीन नगरों का पतन, पूर्व मध्यकालीन भारत का सामंती समाज और संस्कृति।*

हिन्दी और अंग्रेजी के अतिरिक्त प्रो. शर्मा की पुस्तकें अनेक भारतीय भाषाओं और जापानी, फ्रांसीसी, जर्मन तथा रूसी आदि विदेशी भाषाओं में भी प्रकाशित हुई हैं।

निधन : 20 अगस्त, 2011

आर्य एवं हड़प्पा संस्कृतियों की भिन्नता

रामशरण शर्मा

राजकमल पेपरबैक्स

पहला पुस्तकालय संस्करण
राजकमल प्रकाशन प्राइवेट लिमिटेड द्वारा
2007 में प्रकाशित

राजकमल पेपरबैक्स में
पहला संस्करण : 2020
तीसरा संस्करण : 2026

राजकमल पेपरबैक्स : उत्कृष्ट साहित्य के जनसुलभ संस्करण

राजकमल प्रकाशन प्रा.लि.
1-बी, नेताजी सुभाष मार्ग, दरियागंज
नई दिल्ली-110 002
द्वारा प्रकाशित

शाखाएँ : अशोक राजपथ, साइंस कॉलेज के सामने, पटना-800 006
पहली मंजिल, दरबारी बिल्डिंग, महात्मा गांधी मार्ग, प्रयागराज-211 001
1, अनमोल सोराबजी सन्तुक लेन, धोबी तलाव, मरीन लाइंस, मुम्बई-400 002
वेबसाइट : www.rajkamalprakashan.com
ई-मेल : info@rajkamalprakashan.com

बी.के. ऑफसेट
नवीन शाहदरा, दिल्ली-110 032
द्वारा मुद्रित

मूल्य : ₹ 250

AARYA EVAM HADAPPA SANSKRITIYON KI BHINNATA
by Ramsharan Sharma

ISBN : 978-93-89577-63-1

भूमिका

हिन्द-यूरोपीय भाषाओं के बोलनेवालों की संख्या संसार में सबसे अधिक है और उनका भाषा-परिवार सबसे बड़ा है। अतएव आरम्भ में इनके बोलनेवाले कौन थे और कहाँ रहते थे, इसको लेकर सौ साल से अधिक से विवाद चल रहा है, पर आर्य समस्या के अध्ययन का इतिहास लगभग दो सौ साल पुराना है। अठारहवीं शताब्दी के अन्तिम दशकों में जब विलियम जोन्स ने यूनानी, लातीनी इत्यादि यूरोपीय भाषाओं के साथ संस्कृत भाषा की समता का पता लगाया तब से यह अध्ययन प्रारम्भ हुआ। विद्वानों की जिज्ञासा इतनी बढ़ी कि उन्नीसवीं शताब्दी के मध्य तक यूरोपीय भाषाशास्त्री, विशेषकर जिज्ञासु, विभिन्न हिन्द-यूरोपीय भाषाओं में पाए जानेवाले सजात शब्दों को ढूँढ़ते रहे। ईसाई धर्म-प्रचारकों की आवश्यकताओं के कारण आर्य समस्या में अभिरुचि बढ़ी। उनके प्रचार को भारत में आगे बढ़ाने के लिए ऑक्सफोर्ड में 1812 में संस्कृत के प्रोफेसर का पद स्थापित किया गया और प्रोफेसर पर जिम्मेदारी सौंपी गई कि वह संस्कृत-अंग्रेजी कोश तैयार करें। 1872 में मोनिअर-विलियम्स की संस्कृत-इंगलिश डिक्शनरी निकली जिसमें पहले-पहल किसी अंग्रेजी विद्वान ने आर्य भाषाओं की एशियाई और यूरोपीय शाखाओं के शब्दों को ध्यान में रखकर यह कोश बनाया।

1880 आते-आते आर्य समस्या के अध्ययन में नया मोड़ शुरू होता है। इस समय यूरोप में नए साम्राज्यवाद का उदय हुआ और इस वातावरण में आर्यों के मूल स्थान और प्रसार पर जोर दिया जाने लगा। मध्य एशिया के बजाय उनका मूल वासस्थान यूरोप में रखा जाने लगा। यूरोप से आर्यों अथवा हिन्द-यूरोपियों के प्रसार को दिखलाकर साम्राज्यवाद का प्रसार स्वाभाविक ठहराया जा सकता था और गोरी चमड़ीवालों के सभ्यता-प्रसार के उत्तरदायित्व को उचित बतलाया जा सकता था। फिर एशियाई उपनिवेशों में रहनेवाले शिक्षितों को यह जानकर प्रसन्नता हुई कि वे भी उसी वंश के थे जिस वंश के यूरोपीय साम्राज्यवादी। अधिकांश विद्वानों ने यह मत चलाया कि हिन्द-यूरोपीय भाषा-भाषी एक ही नस्ल के थे। पर मैक्समूलर (*दि बायोग्राफीज ऑव दि वर्ड्स एंड दि होम ऑव दि*

आर्याज, लंदन, 1888) जैसे कई विद्वानों ने इस मत का खंडन किया। जो भी हो, इस समस्या के अध्ययन का तीसरा चरण 1925 और 1940 के बीच पड़ता है। नात्सी आन्दोलन के नेता एडोल्फ हिटलर और उसके अनुयायियों ने यह सिद्ध करने की चेष्टा की कि हिन्द-यूरोपियों में जर्मन जाति विशुद्ध हिन्द-यूरोपीय है और सबसे ठोस और मौलिक आर्य है। इस दृष्टि से उसे सारे यूरोप और विश्व पर अपनी संस्कृति लादने का अधिकार है। इस काल में आर्य समस्या के अध्ययन में अन्य विचारवाले विद्वानों की भी रुचि बढ़ी। ब्रिटिश संस्कृतज्ञ, ए.बी. कीथ ने बतलाया कि जो जर्मन अपने देश की सीमा के बाहर अपनी भाषा नहीं फैला पाए, वे यूरोप और एशिया में आर्य भाषा फैलाने में कैसे सक्षम हुए होंगे ? शायद उनके दिमाग में अंग्रेजी भाषा की सफलता की भावना काम कर रही थी।

चौथा चरण 1980 से प्रारम्भ होता है। हाल के वर्षों में दुनिया के कई देशों में कबीली स्वातन्त्र्य और धार्मिक कट्टरवाद पर आश्रित और कई दकियानूसी विचारवाले आन्दोलन जोर से चल पड़े हैं। अलग-अलग जनजातियाँ अपने लिए अलग-अलग स्वतन्त्र राजनीतिक अस्मिता खोजती हैं। भारत जैसे देश में कट्टर हिन्दुत्ववादियों का जोर बढ़ गया है और कुछ लोग इस देश को आर्यों का जन्मस्थान और सभ्यता के सारे तत्त्वों की जननी घोषित करते हैं। ऐसी परिस्थिति में आर्य समस्या प्राचीन इतिहास के अध्ययन में केवल भारत में ही नहीं बल्कि सारे संसार में महत्त्व का मुद्दा बन गया है। इस मुद्दे का सन्तोषजनक हल निकालना कठिन है, पर इसकी पेचीदगियों को ठीक से समझना आवश्यक है।

पहले विद्वानों ने भाषा के आधार पर भारोपीग संस्कृति का रबरूप तैयार किया था। इस आधार पर ई.पू. 3000 वर्ष के आस-पास हिन्द-यूरोपीय नस्ल का अस्तित्व ठहराया गया। यह माना जाता था कि 2000 ई.पू. तक ये यूरोप और पश्चिमी एशिया तथा भारतवर्ष में फैल गए थे। किन्तु भाषायी और पुरातात्त्विक आधार पर हिन्द-यूरोपियों का इतिहास अब लगभग 6000 ई.पू. से आरम्भ किया जाता है। इसमें तीन चरण स्थापित किए गए हैं और तिथिक्रम की दृष्टि से उन्हें तीन कालों में बाँटा जा सकता है। प्राचीनतम आर्यों को आद्य हिन्द-यूरोपीय समुदाय की संज्ञा दी गई है, और इस समुदाय की शब्दावली 6000 ई.पू. से आरम्भ होती है। नस्ल, भाषा और संस्कृति के आधार पर बना हुआ यह समुदाय कई इकाइयों में बँट गया, और इसके सदस्य यूरोप तथा एशिया में फैले। 2500 ई.पू. के लगभग इस संस्कृति ने विकसित होकर हिन्द-यूरोपीय रूप धारण किया। 2000 ई.पू. के आस-पास आद्य हिन्द-ईरानी समुदाय का स्वतन्त्र रूप खड़ा हुआ। आद्य हिन्द-ईरानी भाषा-भाषियों से हिन्द-आर्य भाषा-भाषियों का विभेदीकरण

हुआ, और 1800 ई.पू. के बाद छोटी-छोटी टोलियों में आर्यों ने भारतवर्ष में प्रवेश किया।

आद्य भारोपीय समुदाय का मूल वासस्थान कहाँ था ? इस प्रश्न का उत्तर जानने के लिए विभिन्न भारोपीय भाषाओं में पेड़-पौधों और जीव-जन्तुओं के लिए प्रयुक्त होनेवाले मिलते-जुलते सम्बद्ध शब्दों की जाँच जरूरी है। उदाहरणार्थ, घोड़े के लिए प्रयुक्त शब्द लगभग सभी भारोपीय भाषाओं में पाए जाते हैं, यद्यपि जंगली और पालतू घोड़े के लिए अलग-अलग शब्द नहीं हैं। उसी प्रकार भूर्ज वृक्ष के लिए बर्च (birch) जैसे शब्द अनेक भाषाओं में पाए जाते हैं। इसी प्रकार रथ, छकड़े, गाड़ी, जूआ, हल, ऊन, बुने वस्त्र तथा धातु के लिए उच्चारण और व्याकरण की दृष्टि से एक ही तरह के शब्द सभी हिन्द-यूरोपीय भाषाओं में पाए जाते हैं।

प्रारम्भिक खोजों में आर्यों की भौतिक संस्कृति और पर्यावरण का पता लगाने में अधिकांशतः भूगोल का सहारा लिया गया, पुरावशेषों पर कोई ध्यान नहीं दिया गया। किन्तु अब आर्यों की भौतिक संस्कृति के सूचकों को पुरा के सहारे लगभग 1920 ई. से खोजा जा रहा है। 1926 ई. में गॉर्डन चाइल्ड की **दि आर्यन्स्** नामक पुस्तक में पुरातात्त्विक पक्ष पर बल दिया गया। अब इस बात पर जोर दिया जाता है कि घोड़े के अवशेष कहाँ पाए जाते हैं, घुड़सवारी के लिए घोड़े के साज कहाँ मिलते हैं, आरेवाले रथ के पहिये कहाँ मिलते हैं और अग्निवेदियाँ कहाँ मिलती हैं।

केवल 1960 ई. के बाद जो शोध-कार्य हुआ है उसके आधार पर हिन्द-यूरोपीयों के मूल वासस्थान के विषय में एक दर्जन से अधिक प्रकार के मत दिए गए हैं। यदि यूरोप से प्रारम्भ करें तो उत्तरी यूरोप, मध्य यूरोप, बल्कन प्रायद्वीप, यूक्रेन और दक्षिणी रूस, अनातोलिया, बैक्ट्रिया इत्यादि में से प्रत्येक को भारोपीयों के मूल निवास का क्षेत्र माना गया है। इसमें बहुत क्षेत्र एक-दूसरे के निकट हैं और शीतोष्ण कटिबन्ध में पड़ते हैं। अतएव पर्यावरण की दृष्टि से इन क्षेत्रों के बीच बहुत अन्तर नहीं है। खुदाई से इन क्षेत्रों में लगभग 3000 ई.पू. और इसके पहले के समय के भी घोड़े मिले हैं, और पहिएवाली गाड़ियाँ भी पाई गई हैं।

पुरातत्त्व और अन्य विद्याओं के आधार पर हिन्द-यूरोपीयों के मूल-स्थान और उनके मार्ग के विषय में कई विचार प्रस्तुत किए गए हैं। पर इस प्रबन्ध में मार्ग और मूल-स्थान पर अधिक ध्यान न देकर हिन्द-यूरोपीय समस्या के सांस्कृतिक पक्ष को उजागर करने की चेष्टा की गई है। सामान्यतः संस्कृति को कला, साहित्य

और धर्म तक सीमित किया जाता है, पर इस पुस्तक में संस्कृति के भौतिक पहलू को महत्त्व दिया गया है और इसमें पुरातत्त्व की सहायता ली गई है। प्रस्तुत निबन्ध में प्राचीनतम आर्य संस्कृति के प्रमुख तत्त्वों की पहचान और खोज की गई है। ये तत्त्व पहले-पहल कब और कहाँ प्रगट होते हैं, यह बतलाने की कोशिश की गई है; पुस्तक में घोड़े और आरेवाले पहिए की विस्तार से चर्चा है; साथ-ही-साथ दाहकर्म, पशुबलि, अश्वमेध, धातु-प्रयोग, कृषि-पशुपालन और पुरुष-प्रधान समाज सम्बन्धी साहित्यिक और पुरातात्त्विक साक्ष्यों की समीक्षा की गई है। यूनान और पश्चिम एशिया में पाए गए अभिलेखों की चर्चा हिन्द-यूरोपीय भाषा के प्राचीन नमूने के सम्बन्ध में की गई है।

प्रस्तुत सन्दर्भ में पुरातात्त्विक साक्ष्यों के आधार पर आर्य संस्कृति को हड़प्पेतर होने के पक्ष में सार्थक तथ्य उपस्थित किए गए हैं।

इस छोटी पुस्तक को मैंने 1993 में हिन्दी में लिखना आरम्भ किया, पर बीच में इस विषय पर अंग्रेजी प्रकाशन के चक्कर में फँस जाने से यह अभी पूरी हुई है। पुस्तक के तैयार करने में अधिकांशतः अंग्रेजी प्रकाशनों का सहारा लिया गया है, इसलिए सन्दर्भ-ग्रन्थों की सूची अधिकतर रोमन लिपि में दी गई है।

पुस्तक के लिखने में मुझे दिल्ली विश्वविद्यालय के श्री मृत्युंजय कुमार और इंडियन कौंसिल ऑव हिस्टोरिकल रिसर्च, नई दिल्ली, के पुस्तकालयाध्यक्ष श्री परमानन्द सहाय से सहायता मिली है जिसके लिए मैं उनका ऋणी हूँ। लेखन में सहायता के लिए डॉक्टर सीताराम राय, डॉक्टर अंगराज चौधरी और डॉक्टर अंजनी कुमार भी मेरे धन्यवाद के पात्र हैं। मुझे आशा है कि इस पुस्तक के द्वारा आर्य समस्या के अध्ययन में पाठकों की रुचि जगेगी।

–रामशरण शर्मा

अनुक्रम

1
'आर्य' की अवधारणा

हिन्द-यूरोपीय अथवा आर्य की परिभाषा कठिन है। 18वीं सदी के अन्त में कलकत्ते में काम करनेवाले विलियम जोन्स ने जब यह पता लगाया कि संस्कृत भाषा यूनानी, लातीनी और यूरोप की अन्य भाषाओं से मेल खाती है तो यह मत प्रतिपादित किया गया कि मध्य एशिया अथवा पूर्वी यूरोप में कोई ऐसा क्षेत्र था जहाँ प्राचीनतम आर्य भाषा बोलनेवाले लोग रहते थे। ये सारे लोग एक ही नस्ल या जाति के माने जाते थे। इस प्रकार बहुत दिन तक लोग समझते रहे कि सारे आर्य एक ही नस्ल के हैं। यह अवधारणा 19वीं शताब्दी में प्रचलित रही और नात्सी जर्मनी में हिटलर के आधिपत्य के समय 1933 के बाद कई वर्षों तक यहूदी-विरोधी अभियान के कारण और जर्मन जाति को विशुद्ध आर्य नस्ल घोषित करने के कारण चरम सीमा पर पहुँच गई। नात्सियों ने लगातार यह प्रचार जारी रखा कि जर्मन जाति का स्थान आर्यों में सबसे ऊँचा है और इसलिए उन्हें विश्व में अपना आधिपत्य जमाना है। पर जिन शोधकर्ताओं ने आर्य समस्या का गहरा अध्ययन किया है वे इस निष्कर्ष पर पहुँचे हैं कि एक भाषा बोलनेवालों का एक वंश, परिवार या नस्ल का होना आवश्यक नहीं है। अब आर्य भाषा के स्थान पर अधिकांश विद्वान आद्य (प्रोटो) हिन्द-यूरोपीय भाषा की बात करते हैं। यह ठीक है कि पर्यावरण के कारण ठंडे देश में रहनेवाले मानव की आकृति गरम और शीतोष्ण देशों में रहनेवाले मानव से भिन्न होती है; उसके शरीर के अंगों की माप ठंड के कारण अलग हो सकती है, उसके शरीर का रंग भी अलग हो सकता है, पर इसका यह अभिप्राय नहीं है कि ठंडे देश में रहनेवाले लोग एक ही नस्ल के होते हैं। अतएव आर्यों को केवल एक नस्ल के रूप में स्थापित करना उचित नहीं होगा।

आर्य शब्द कई भारोपीय भाषाओं में पाया जाता है, किन्तु अधिकांश भाषाओं में यह नहीं मिलता है। ओ. सेमेरनी[1] नामक एक विद्वान ने *आर्य* शब्द सम्बन्धी

1. जे.पी. मैलॉरी, *इन सर्च ऑव इंडो यूरोपीयन्स् लेंग्वेज, आर्कयोलॉजी एंड मिथ,* टेम्स् एंड हडसन, पेपरबैक संस्करण, लंदन, 1991, पृ. 274, पा. टि. 27।

सारी दलीलों को ठीक से इकट्ठा करके यह निष्कर्ष निकाला है कि यह शब्द भारोपीय नहीं है बल्कि पश्चिमी एशिया की किसी भाषा से उधार लिया गया है, और इसका अर्थ सजात अथवा साथी होता है।[1] हो सकता है कि प्राचीन हिन्द-यूरोपीय भाषा में यह शब्द अपना लिया गया, और बाद में इसकी व्याख्या के लिए व्याकरण में नियम बनाए गए। *आर्य* शब्द होमर के महाकाव्यों में अर्थात् **इलियड** और **ओडिसी** में, जिनका समय 8वीं सदी ई.पू. रखा गया है, नहीं पाया जाता है। **ऋग्वेद** और **अवेस्ता** दोनों प्राचीनतम ग्रन्थों में यह शब्द पाया जाता है। ईरान शब्द का सम्बन्ध *आर्य* शब्द से है। हिन्द-आर्यों और ईरानी-आर्यों के आधिपत्य में रहने के कारण पश्चिमी अफगानिस्तान के एक प्रदेश का नाम अरेइया अथवा हरैवा पड़ा।[2] छठी सदी ई.पू. के फारस के राजा दारायवूस ने अपने को *आर्य* बतलाया है। **ऋग्वेद** में *आर्य* शब्द से सांस्कृतिक समुदाय का बोध होता है। हिन्द-आर्य भाषा-भाषी और ईरानी भाषा-भाषी दोनों अपने को आर्य बतलाते थे। **अवेस्ता** में आर्यों के एक देश की चर्चा है जहाँ से जरथुष्ट्रं का धर्म फैला था। सम्भवतः यह पुराना ईरानी क्षेत्र आर्यानावाएज़ह था जो पूर्वी अफगानिस्तान में फैला था। ईरान और भारतवर्ष को छोड़कर प्राचीन काल में *आर्य* शब्द सम्भवतः प्राचीन तुर्की अथवा अनातोलिया की हत्ती भाषा में पाया जाता है जहाँ इसका अर्थ भाई-बन्धु अथवा मित्र होता है। कुछ विद्वान प्राचीन आयरलैंड के नाम से भी *आर्य* शब्द का सम्बन्ध ढूँढ़ते हैं। जर्मन भाषा में भी *आर्य* शब्द का सजातीय रूप मिलता है पर और भाषाओं में नहीं।

यद्यपि घोड़े और रथवाले का हिन्द-यूरोपीय समाज में दबदबा रहता था, पर यह समझना गलत होगा कि *आर्य* शब्द से बराबर स्वामी अथवा अभिजात वर्ग के सदस्य का बोध होता है। फीनलैंड की भाषा में इस शब्द का अर्थ गुलाम होता है और इसके लिए *ओर्ज* शब्द प्रचलित था। जिस प्रकार दास समुदाय पर आधिपत्य जमाने के बाद आर्यों ने *दास* शब्द का प्रयोग गुलाम के अर्थ में किया उसी प्रकार अपने पड़ोसी आर्यों अथवा हिन्द-यूरोपीयों को जीतने के पश्चात् फीनलैंडवालों ने *ओर्ज* शब्द का प्रयोग अपनी भाषा में गुलाम के अर्थ में किया।

ऋग्वैदिक काल में इन्द्र की पूजा करनेवाले आर्य कहलाते थे। जब **ऋग्वेद** आर्यों और दासों अथवा आर्यों और दस्युओं के बीच संघर्ष का उल्लेख करता है तो उसमें एक को देशी और दूसरे को विदेशी मानने की भावना नहीं दीखती है।

1. जे.पी. मैलॉरी, इंडो–यूरोपियंस्, पृ. 276
2. पुनरुत्थानवादी प्रवृति के कारण अफगानिस्तान ने एरियाना एअरवेज नामक विमान सेवा चलाई।

संघर्ष दो संस्कृति-समुदायों के बीच होता है जिसमें एक व्रत का पालन करते हैं और दूसरे अव्रत हैं। उस समय भारत के एक देश होने की कल्पना नहीं की गई है। इसलिए किसी के देशी अथवा विदेशी होने का प्रश्न नहीं उठता है। संस्कृतियों और जीवन-शैलियों के बीच होनेवाले संघर्ष का संकेत केवल भारतवर्ष में ही नहीं मिलता है बल्कि ईरान में भी मिलता है। **अवेस्ता** के गाथा भाग से, जो उसका प्राचीनतम अंश माना जाता है, पता चलता है कि ईरान में संघर्ष ईरानियों और विदेशियों के बीच नहीं होता था बल्कि जरथुष्ट्र की शिक्षा को माननेवालों और नहीं माननेवालों के बीच होता था।

यदि शरीर के रंग को पहचान का आधार माना जाए तो **ऋग्वेद** के कुछ मन्त्रों के अनुसार आर्यों की अपनी अलग जाति बनती है। वे जिन लोगों से लड़ते थे उनको काले रंग का बतलाया गया है। आर्यों को *मानुषी* प्रजा कहा गया है जो अग्नि वैश्वानर की पूजा करते थे और कभी-कभी काले लोगों के घर में आग लगा देते थे।[1] आर्यों के देवता सोम के विषय में कहा गया है कि वह काले लोगों की हत्या करता था।[2] यह भी कहा गया है कि वह काली त्वचावाले (त्वचमसिक्निम्) राक्षसों से लड़ता था[3] और उसने पचास हजार *कृष्ण* लोगों को मारा[4] तथा असुर के काले चमड़े को उधेड़[5] डाला। इस प्रकार के उद्धरण बतलाते हैं कि आर्यों की परिकल्पना नस्ल के रूप में की जाती थी।

पर संस्कृत के विद्वान एच.डब्ल्यू. बेली ने बतलाया है कि **ऋग्वेद** के सभी उद्धरणों में *आर्य* शब्द का अर्थ नस्ल या जाति के रूप में नहीं किया जा सकता है। यह शब्द अर् धातु से निकला है जिसका अर्थ प्राप्त करना होता है।[6] ईरानी उद्धरणों में *आर्य* का अर्थ स्वामी अथवा अभिजात होता है और **ऋग्वेद** के अनेक उद्धरणों में यह अर्थ बैठता है। अतएव **ऋग्वेद** की ऋचाओं में वैदिक जनों के जिन नेताओं का आर्य कहकर गुणगान किया गया है वे या तो समृद्ध थे या अभिजात थे। स्पष्टतः पशुप्रधान समाज में उनकी समृद्धि पशुधन के कारण होती होगी जिसके जमा करने और सुरक्षित रखने में घोड़े एवं रथ का हाथ रहा होगा।

---

1. *ऋ. वे. 7.5.2-3*
2. वही, 9.41.1-3
3. वही, 9.73.5
4. वही, 16.13
5. वही, 1.130.8
6. *ईरानियन अर्य* एंड दह,' ट्रांजेक्शंस ऑव दि फिलॉलॉजिकल सोसाइटी, 1959, पृ. 71-83

यद्यपि आर्यों और दासों के बीच निरन्तर संघर्ष होने का उल्लेख है पर ऐसा लगता है कि भारतवर्ष में दास समुदाय के लोग भी बाहर से आए थे। ध्यान देने का विषय है कि यद्यपि आर्यों का संघर्ष दास और दस्यु दोनों से हुआ, **ऋग्वेद** में *दस्युहत्या* का उल्लेख अनेक बार है परन्तु *दासहत्या* का उल्लेख नहीं हैं। दस्युओं को कई आर्य संस्कृति विरोधी विशेषणों से विभूषित किया गया है लेकिन दासों के विषय में यह बात नहीं की गई है।[1] ऐसा लगता है कि दास नामक समुदाय ईरान में भी रहता था और यूनान में भी रहता था। इन दोनों देशों में दास के लिए जो शब्द प्रयुक्त हुए हैं, वे ध्वनि और वर्तनी की दृष्टि से *दास* के निकटवर्ती शब्द हैं। दास के लिए यूनान में *डुलोस* शब्द का प्रयोग हुआ है और ईरान में *दाह* शब्द का।[2] दासों से आर्यों की उतनी भयंकर शत्रुता **ऋग्वेद** में नहीं बतलाई गई है जैसी दस्युओं से। इससे निष्कर्ष निकाला जा सकता है कि दास आर्यों की प्राक्-वैदिक टोली थी जो अफगानिस्तान होते हुए भारतवर्ष में आकर जहाँ-तहाँ उत्तर पश्चिमी भाग में बस गई और जब बाद में वैदिक आर्य आए तो स्थानीय पुराने निवासियों के नाते उनका प्रतिरोध करने लगी। ऐसा लगता है कि दासों को हराने के बाद दो वर्णों की अवधारणा प्रस्तुत की गई—आर्य वर्ण और दास वर्ण, पर *वर्ण* शब्द से किसी रंगभेद का संकेत नहीं मिलता है। अत्यधिक महत्त्व का विषय यह है कि **ऋग्वेद** में बारम्बार *दस्युहत्या* का उल्लेख है पर दस्यु को वर्ण की कोटि में नहीं रखा जा सकता है। पणि के वर्णन से पता चलता है कि वे समृद्ध और शहरी थे, यद्यपि जब-तब वे आर्यों की गाएँ भी चुराते थे। दस्यु और आर्य में भाषा का अन्तर नहीं दिखाई देता है। दस्यु को **ऋग्वेद** (5/29/10) में *मृध्रवाक्* कहा गया है। इससे विरोधी भाषा या अनुचित भाषा बोलनेवाला का अभिप्राय बनता है। भाषा समझ में नहीं आए, *मृध्रवाक्* का ऐसा अर्थ नहीं लगाया जाता है।

जहाँ-तहाँ दस्यु के पास घोड़े होने की भी चर्चा है। दस्यु के पास सत्ता थी, उसका भी संकेत मिलता है। **ऋग्वेद** बतलाता है कि दस्युओं को आर्यों का स्थान मिला हुआ था पर इन्द्र ने दस्युओं से वह स्थान छीन लिया। वैदिक संस्कृत में बहुत स्थानों पर आर्यों को बड़ा व्यक्ति माना जाता है। जो आर्य जनसाधारण की कोटि के होते थे उन्हें अर्य कहा जाता था और जो उच्च कोटि के होते थे वे आर्य कहलाते थे। आर्यों की पहचान **ऋग्वेद** में इस बात से होती थी कि वे व्रत का

1. आर.एस. शर्मा, शूद्राज़ इन एनशंट इंडिया, तृतीय संस्करण, 1990, पृ. 25-26
2. एच.डब्ल्यू. बेली, 'ईरानियन *अर्य* एंड दह,' *ट्रांजेक्शंस ऑव दि फिलॉलॉजिकल सोसाइटी,* 1959, पृ. 109-113

पालन करते थे, यज्ञ करते थे, घोड़े और घोड़ेवाले रथ का प्रयोग करते थे। इसके विपरीत दस्युओं को जिनसे आर्यों का सतत संघर्ष चल रहा था, अव्रत और अपव्रत[1] कहा गया है। दस्यु को अयज्वन्[2] अर्थात् यज्ञ नहीं करनेवाला बतलाया गया है। दस्यु यज्ञ नहीं करते थे। यज्ञ नहीं करने के कारण उन्हें अक्रतुन्[3] कहा गया है। वे दूसरे प्रकार का अनुष्ठान करते थे जिससे उन्हें अन्यव्रत[4] कहा गया है। उनके प्रति इतनी घृणा थी कि वे मनुष्य की कोटि में नहीं रखे जाते थे। **ऋग्वेद** में कीकटों के बारे में कहा गया है कि उन्हें गोपालन की कोई आवश्यकता नहीं है क्योंकि वे न गाय के दूध का प्रयोग करते हैं और न वे इसे यज्ञ के काम में लाते हैं। कीकट पूर्व दिशा में या शायद हरियाणा में रहते थे। जहाँ भी वे रहते हों, कीकटों को आर्यों से अलग बतलाने के लिए यह बात कही गई थी। अतएव आर्यों को एक बड़ा जनसमुदाय समझना चाहिए जिसमें भाषा, संस्कृति और पशुधारी जीवन-शैली के बन्धन अवश्य थे पर उस समुदाय में विभिन्न वंश और कबीलों के लोग रहते थे।

ऋग्वेद में वर्णित सुविख्यात *दशराज्ञ* युद्ध से आर्य समुदाय के स्वरूप पर प्रकाश पड़ता है। इस युद्ध में दस राजाओं ने भाग लिया था। पर ऐसा नहीं था कि एक तरफ सभी राजा आर्य थे और दूसरी तरफ सभी अनार्य। इस युद्ध में लड़नेवाले प्रत्येक दल में आर्य और अनार्य दोनों ही सम्मिलित थे, ऐसा राजाओं के नाम को देखने से पता चलता है। राजाओं के कुछ नाम संस्कृत भाषा में हैं और कुछ अन्य भाषा में। बाद में धीरे-धीरे *आर्य* पद का प्रयोग कई प्रकार के लोगों के लिए किया जाने लगा। परन्तु प्रधानतः ऐसे लोग दो कोटियों में रखे जा सकते हैं। संस्कृत साहित्य में आर्य उनको कहा जाता था जो सम्मानित,आदरणीय अथवा उच्चपदस्थ थे। उच्च वंश के लोग भी आर्य माने जाते थे। उत्तर वैदिक और वैदिकोत्तर साहित्य में आर्य से ऊपर के उन तीन वर्णों का बोध होता था जो द्विज कहलाते थे। शूद्रों को आर्य की कोटि में नहीं रखा जाता था। यह ब्राह्मणवादी अवधारणा प्राचीन भारत में चलती रही। आर्य को स्वतन्त्र समझा जाता था और शूद्र को परतन्त्र। कौटिल्य के अनुसार, *आर्यप्राण* शूद्र को दास नहीं बनाया जा सकता था क्योंकि उसमें *आर्यत्वम्* अर्थात् आर्योचित संस्कार है। इस सन्दर्भ में *आर्यत्वम्* से एक प्रकार की नागरिक स्वतन्त्रता का बोध होता था।

---

1. आर.एस. शर्मा, *शूद्राज़ इन एनशंट इंडिया,* 1990, पृ. 14
2. *ऋग्वेद,* 7.6.3
3. वही
4. *ऋग्वेद,* 8.70.11; 10.22.8

इसका अभिप्राय ऐसे स्वतन्त्र शूद्रों से था जो आर्य की सन्तान थे। हालाँकि शूद्रों की संख्या गुप्तकाल तक अधिक नहीं थी पर बाद में संख्या बढ़ने पर भी ब्राह्मण एवं अन्य उच्च वर्ण के लोग उन्हें आर्य की पंक्ति में नहीं रखते थे।

वैदिक साहित्य में *अर्य* शब्द का भी प्रयोग हुआ है। इसका भी अर्थ सम्मानित और आदरणीय होता है। पर इस पद का प्रयोग वैदिक साहित्य में वैश्य के लिए किया जाता था। ऐसे *अर्य* और *आर्य* दोनों का अर्थ स्वामी भी होता है। साधारणतः सुसंस्कृत लोगों को आर्य समझा जाता था। संस्कृत नाटकों में राजा, मन्त्री, सेनापति जैसे उच्च पदाधिकारियों को *आर्य* कहकर सम्बोधित करने की प्रथा थी। *आर्य* शब्द से बड़े एवं अच्छे होने का ही बोध नहीं होता था बल्कि मानव के क्रियाकलापों और सिद्धान्तों को भी आर्योचित समझा जाता था। प्राचीनतम पालि साहित्य में, जिसका समय 400 ई.पू. हो सकता है, गौतम बुद्ध ने चार प्रकार के *अरिय सच्चानि* का निरूपण किया है : 1. संसार में दुख है, 2. दुख का कारण है, 3. कारण का निदान है, और 4. यह निदान आष्टांगिक मार्ग के अनुसरण से सम्भव हो सकता है। यह सन्दर्भ बतलाता है कि बौद्ध दर्शन में *आर्य* की अवधारणा किसी जाति विशेष के चरित्र पर आश्रित नहीं थी बल्कि इसके द्वारा ज्ञान और अज्ञान के बीच अन्तर किया जाता था। आर्य का अलग आचरण और व्यवहार होता था जिससे उसके आर्यत्व की पहचान होती थी। क्रूर एवं वीभत्स व्यवहार से मनुष्य चांडाल समझा जाता था। यह स्पष्ट है कि ब्राह्मणवाद के प्रभाव के कारण बाद में जो वर्ण-व्यवस्था चल पड़ी उसमें समाज के थोड़े से ही लोग आर्य समझे जाने लगे और अधिकांश लोग इस कोटि के बाहर रखे गए।

आर्य जिस क्षेत्र में बसते थे उसे उनका आवर्त अर्थात् *आर्यावर्त्त* कहा जाता था। *आर्यावर्त्त* का उल्लेख 200 ई.स. के लगभग पहले-पहल **मनुस्मृति** में मिलता है। मनु के अनुसार *आर्यावर्त्त* हिमालय से लेकर विन्ध्य पर्वत तक और पूर्वी समुद्र से लेकर पश्चिमी समुद्र तक फैला था।

यद्यपि आर्य शब्द का अधिकांश भारोपीय भाषाओं में अभाव है तथापि वैदिक साहित्य के कुछ ऐसे शब्द हैं जो निश्चित रूप से आद्य भारोपीय काल के प्रतीत होते हैं। ऐसा ही एक शब्द है *विश्* जिससे वैश्य शब्द निकला है। *विश्* का अर्थ छोटा कबीला, गाँव, घर या वास भी होता है। ध्वनि और व्याकरण की दृष्टि से इससे मिलता-जुलता शब्द *विक्* है जो अधिकांश भारोपीय भाषाओं में पाया जानेवाला आद्य भारोपीय शब्द है। भारोपीय भाषाओं में पाए जानेवाले *विक्* के अन्त में 'क्' लगता है और हिन्द-ईरानी भाषा में इसके अन्त में 'श्' लगता है।

ज्ञातव्य है कि **ऋग्वेद** और **अवेस्ता** दोनों में *विश्पति* शब्द का प्रयोग हुआ है जिससे ज्ञात होता है कि वैदिक जन और प्राचीन ईरानी छोटे-छोटे कबीलों में बँटे थे और उनके सरदार *विश्पति* कहलाते थे।

2

तुलनात्मक इतिहासपरक भाषाशास्त्र की उपयोगिता

तुलनात्मक इतिहासपरक भाषाशास्त्र के आधार पर आद्य हिन्द-यूरोपियों के समाज, पर्यावरण और भौतिक संस्कृति की रूपरेखा तैयार करने का प्रयास लगभग 200 वर्ष से चल रहा है, परन्तु इस भाषाशास्त्री पद्धति को किसी-किसी ने चुनौती दी है। यह कहा जाता है कि विभिन्न भाषाओं में जो मिलते-जुलते सजातीय शब्द पाए जाते हैं वे उन भाषाओं के अपने शब्द न होकर गैर-भारोपीय भाषाओं से उधार लिए गए शब्द हो सकते हैं। कहा गया है कि पहिया के लिए भारोपीय भाषाओं में जिस शब्द का प्रयोग होता है वह सुमेरी भाषा का शब्द है। पर भाषाशास्त्र की दृष्टि से विरासत में मिले और पूर्ववर्ती या समकालीन समाजों से उधार लिए गए शब्दों के बीच स्पष्ट अन्तर किया जाता है। यह भी बतलाया जाता है कि कौन-कौन से शब्द सभी भारोपीय भाषाओं में मिलते हैं और कौन-कौन से शब्द केवल एक या दो भाषाओं में।

उदाहरणार्थ, वैदिक संस्कृत का *रथ* शब्द लैटिन में *रौट* (rota) कहलाता है और इसके सजातीय शब्द हिन्द-ईरानी, इतालवी, केल्टिक, बाल्टिक और जर्मन भाषाओं में मिलते हैं। फिर रथ के लिए हिन्द-यूरोपीय भाषाओं में मिलता-जुलता एक दूसरा शब्द भी है जिसका सम्बन्ध अंग्रेजी के *कार* शब्द से है। उसी प्रकार *बर्च* (birch) शब्द जो *भूर्ज* से मिलता है, मामूली बदलते रूपों में अधिकांश भारोपीय भाषाओं में पाया जाता है। यह भी दलील दी जाती है कि शब्द का अर्थ बदलता रहता है। पर *अश्व, भूर्ज* जैसे जो साझे के शब्द हैं वे कब, कहाँ और कैसे अर्थ में बदले, जब तक ऐसे उदाहरण उपस्थित नहीं किए जाएँ तब तक इन शब्दों के महत्त्व की कैसे उपेक्षा की जा सकती है ? यह कहकर मजाक उड़ाया जाता है कि मक्खन के लिए भारोपीय भाषाओं में शब्द हैं, पर दूध के लिए नहीं हैं। खोजने से दूध सम्बन्धी शब्द भी मिलता है। संस्कृत भाषा के *दुहितृ* शब्द का अर्थ है दूध

दूहनेवाली। इससे मिलते-जुलते शब्द *अवेस्ता,* ग्रीक, स्लाव और लिथुआनियाई भाषाओं में पाए जाते हैं। अतएव यदि समाज और संस्कृति-सम्बन्धी महत्त्व के काफी सजातीय शब्द हिन्द-यूरोपीय भाषाओं में मिलते हों तो उनके आधार पर आद्य हिन्द-यूरोपीय भाषा का पुनर्निर्माण किया जा सकता है, और इसके सहारे आद्य हिन्द-यूरोपीय संस्कृति के विभिन्न पक्षों की पहचान हो सकती है। हमारी असल कठिनाई यह है कि **अवेस्ता** और **ऋग्वेद** की भाषा तो मिलती है, पर वास्तव में कोई आद्य हिन्द-यूरोपीय रचना नहीं मिलती है जिसके साथ कृत्रिम आद्य हिन्द-यूरोपीय भाषा की तुलना की जाए। रोमांस भाषाओं जैसे फ्रांसीसी, स्पेनिश, इतालवी इत्यादि के साझे शब्दों के आधार पर मूल भाषा *वल्गर* (Vulgar) लैटिन बनाने के लिए प्रयास किया गया है। इस कृत्रिम आद्य भाषा की तुलना जब वास्तविक *वल्गर* लैटिन भाषा से की गई है तो वह सही निकली है। इससे इतिहासपरक भाषाशास्त्र की तुलनात्मक पद्धति की सार्थकता सिद्ध होती है।

इस प्रकार के आद्य भाषा के पुनर्निर्माण से जीवन के सभी पहलुओं पर प्रकाश डालना सम्भव नहीं है। लैटिन बोलनेवालों की प्राचीनतम शासन-पद्धति कैसी थी और उनका चरित्र कैसा था, इसका अन्दाज *वल्गर* लैटिन के पुनर्निर्माण से नहीं लगाया जा सकता है। उसी प्रकार आद्य हिन्द-यूरोपीयभाषियों की संस्कृति के सभी पक्षों को केवल आद्य हिन्द-यूरोपीय भाषा के आधार पर उजागर नहीं किया जा सकता है। जहाँ तक आद्य हिन्द-यूरोपीय भाषा का सम्बन्ध है, उसमें जलवायु और उत्पादन-सम्बन्धी शब्दों का पुनर्निर्माण विशेष महत्त्व रखता है। इस प्रकार के भाषागत साक्ष्य की जाँच पुरातात्त्विक सामग्री के द्वारा की जा सकती है। यह ध्यान देने का विषय है कि पुरातात्त्विक सामग्री अब पर्याप्त मात्रा में उपलब्ध है। साथ-ही-साथ यह भी बतलाना आवश्यक है कि केवल विभिन्न हिन्द-यूरोपीय भाषाओं में पाए गए सजात शब्दों के अध्ययन को ही आद्य हिन्द-यूरोपीय संस्कृति के पुनर्निर्माण का स्रोत नहीं बनाया जा सकता है। इस संस्कृति के पुनर्निर्माण के लिए आवश्यक है कि प्राचीनतम हिन्द-यूरोपीय ग्रन्थों का, जिनमें **ऋग्वेद, अवेस्ता** और होमर के महाकाव्य आते हैं, पठन-पाठन किया जाए। यह देखना चाहिए कि संस्कृति के कौन-कौन से ऐसे तत्त्व मिलते हैं जो सभी या अधिकांश ग्रन्थों में मिलते हैं।

याद रहे कि मूलभूत आद्य हिन्द-यूरोपीय संस्कृति कैसी थी और यह किस प्रकार की जलवायु तथा पर्यावरण में पनपी, यह पता लगाने में कुछ कठिनाइयाँ खड़ी होती हैं। हिन्द-यूरोपीय भाषा की पूर्वी एवं पश्चिमी शाखाओं में वृक्ष के लिए सजात शब्द आधा दर्जन से अधिक नहीं हैं। उनमें सबसे महत्त्व का शब्द अंग्रेजी

में *बर्च* कहलाता है तथा संस्कृत में *भूर्ज*। उसी प्रकार जानवरों के लिए भी सजात शब्दों की संख्या सीमित है। अतएव इन कमियों को कैसे पूरा किया जाए, यह समस्या बनी रहती है।

3

प्रारम्भिक हिन्द-यूरोपीय भौतिक संस्कृति के पुनर्निर्माण की समस्या

विभिन्न हिन्द-यूरोपीय भाषाओं में पाए गए सजात शब्दों से ही नहीं बल्कि उन भाषाओं के प्राचीन ग्रन्थों से भी हिन्द-यूरोपीय भाषा-भाषियों के जीवन के अनेक पहलुओं पर प्रकाश पड़ता है। हम कह सकते हैं कि वे शीतोष्ण जलवायु में रहते थे। वे खेती और पशुपालन करते थे और साथ-ही-साथ धातुओं का प्रयोग करते थे। वे घोड़े की सवारी करते थे और उसे रथ में लगाते थे। उनका समाज पुरुष-प्रधान था। समूचा मुर्दा गाड़ने के अतिरिक्त वे उसे जलाकर उसके अवशेष भी गाड़ते थे। ईरान और भारतीय उपमहादेश के हिन्द-यूरोपीय भाषा-भाषियों के बीच अग्नि-पूजा एवं सोम-पूजा का रिवाज था। पर सभी हिन्द-यूरोपीय जनसमुदायों में पशुबलि और अश्वबलि (जिसे भारत में अश्वमेध कहते थे) प्रचलित थीं। सबसे बढ़कर हिन्द-यूरोपीय संस्कृति की पहचान यह है कि इसकी अपनी भाषा थी। प्राचीन आर्य संस्कृति के ये सारे तत्त्व मोटा-मोटी वैदिक और **अवेस्ता** साहित्य में पाए जाते हैं, और इनमें से अधिकांश हिन्द-यूरोपीय ग्रन्थों में भी पाए जाते हैं।

अब प्रश्न यह उठता है कि प्राचीन ग्रन्थों के आधार पर संस्कृति के जो तत्त्व यूनान, ईरान और भारत में 1500 ई.पू. और 800 ई.पू. के बीच मिलते हैं उन्हें क्या खींचकर 1500 ई.पू. के पहले ले जाया जा सकता है ? यह तभी सम्भव हो सकता है, यदि 1500-800 ई.पू. के बीच भौतिक जीवन और पर्यावरण में कोई ऐसा परिवर्तन हुआ हो जो 1500 ई.पू. के पहले के जीवन से मेल नहीं खाता हो। यहाँ ध्यान देने का विषय यह है कि मूलतः **ऋग्वेद**, **अवेस्ता** और होमर के महाकाव्य उस युग की रचनाएँ हैं जब मुख्यतः ताम्बे का व्यवहार होता था। यद्यपि होमर की रचनाओं के परवर्ती भागों में लोहे की चर्चा है, पर सामान्यतः प्राचीन ग्रन्थ पशुपालन और कृषि पर जोर देते हैं, और इस प्रकार की जीवनयापन की

पद्धति पूर्वी यूरोप, पश्चिमी एशिया, मध्य एशिया और उत्तर-पश्चिम भारत में उत्तर नवपाषाणयुग और कांस्ययुग में प्रचलित थी। यहाँ ध्यान देने का विषय है कि जो कांस्ययुग प्राचीन हिन्द-यूरोपीय ग्रन्थों में मिलता है वह इतना विकसित नहीं था जितना वह क्रीट, मेसोपोटामिया और हड़प्पा की संस्कृतियों में था। हिन्द-यूरोपीय कांस्ययुग की संस्कृति में शहरों का उदय नहीं हुआ था, वर्ग-विभाजित समाज नहीं बने थे और पूर्णरूपेण राज्य-व्यवस्था कायम नहीं हुई थी। याद रहे कि 1000 ई.पू. तक लोहे का प्रयोग खेती अथवा शिल्प के क्षेत्र में कारगर ढंग से नहीं आरम्भ हुआ था।

अतएव प्राचीन आर्य संस्कृति की जो विशेषताएँ ऊपर बतलाई गई हैं उनके पुरातात्त्विक प्रतिरूप की खोज पूर्वी यूरोप एवं मध्य एशिया के ताम्र या कांस्ययुग में की जा सकती है। ऐसे इन क्षेत्रों के नवपाषाण युग में ही कई विशेषताओं का आरम्भ होता है। पूर्वी यूरोप और मध्य एशिया का इलाका भारत, अफगानिस्तान, ईरान, इराक, अनातोलिया और यूनान के साथ भौगोलिक दृष्टि से जुड़ा हुआ है। प्राचीन काल से ही इस क्षेत्र के अधिकांश भाग में विभिन्न जनसमुदाय हिन्द-यूरोपीय भाषाएँ बोलते रहे हैं। इसके अतिरिक्त सजात शब्दों से जिस प्रकार की जलवायु, पर्यावरण, पशु-पक्षी और पेड़-पौधों का पता चलता है वे पूर्वी यूरोप और मध्य एशिया में पाए जाते हैं। अतएव हिन्द-यूरोपीय संस्कृति के जिन तत्त्वों की जानकारी हमें प्राचीन ग्रन्थों से मिलती है, उनके प्रतिरूप को पूर्वी यूरोप और मध्य एशिया के 1500 ई.पू. के पहलेवाले पुरातात्त्विक परिवेश में खोजा जा सकता है।

हिन्द-यूरोपीय संस्कृति के विभिन्न तत्त्वों की खोज करने में हमें इसका भी ध्यान रखना पड़ेगा कि इस संस्कृति का सम्पर्क भारतीय उपमहादेश, पश्चिमी एशिया और चीन की अभ्रमणशील संस्कृतियों से हुआ होगा। हिन्द-यूरोपीय और अन्य संस्कृतियों के बीच आदान-प्रदान की सम्भावनाओं से इनकार नहीं किया जा सकता है। ऐसे तो हम हिन्द-यूरोपीय संस्कृति की विशेषताओं को मुख्यतः पूर्वी यूरोप एवं मध्य एशिया में ढूँढ़ते हैं पर इस संस्कृति के कुछ अलग-थलग तत्त्व विश्व के दूसरे भाग में भी मिल सकते हैं। परन्तु हमें उन क्षेत्रों पर अधिक ध्यान देना चाहिए कि जहाँ ऐसे तत्त्व समूह के रूप में उदित होते हैं और विकसित होकर मिली-जुली संस्कृति बनाते हैं। पूर्वी यूरोप और मध्य एशिया का शीतोष्ण क्षेत्र, जिसमें ताम्बे, घोड़े और हिन्द-यूरोपीय संस्कृति के अन्य तत्त्व दिखलाई पड़ते हैं, काफी बड़ा है। याद रहे कि हिन्द-यूरोपीय संस्कृति के लक्षण इसके विभिन्न उपक्षेत्रों में एकबारगी ही नहीं दिखाई पड़ते हैं। अतएव इस संस्कृति के प्रसार

के कारणों एवं चरणों की केवल व्याख्या अपेक्षित नहीं है बल्कि कब, कैसे और कहाँ यह संस्कृति बनी, इसका पता लगाना भी आवश्यक है। इस प्रयास के लिए और भी अधिक शोध वांछित है। इस प्रबन्ध में हम केवल यही बतलाना चाहते हैं कि हिन्द-यूरोपीय संस्कृति की अलग-अलग विशेषता कब और कहाँ दिखाई पड़ती है।

प्रारम्भिक हिन्द-यूरोपीय समुदायों के समय और वासस्थान का पता लगाने के लिए उनके मिथकों और लोककथाओं का सहारा लिया जाता है पर मिथकों और लोककथाओं से ऐतिहासिक तथ्य निकालना बड़ा कठिन होता है; अतएव पुस्तक में उनकी चर्चा नहीं की गई है। हमने मुख्यतः यह जतलाने की चेष्टा की है कि आर्य संस्कृति के जो चिह्न हिन्द-यूरोपीय भाषा के सजात शब्दों और प्राचीन ग्रन्थों के आधार पर पहचाने गए हैं उनकी उपस्थिति पुरातात्त्विक साक्ष्य से कहाँ तक पुष्ट होती है।

हिन्द-यूरोपीय पुरातत्त्व के अध्ययन में मृद्भांड को मुख्य स्थान दिया गया है। धूसर मृद्भांड को हिन्द-ईरानियों के साथ जोड़ा जाता है और चित्रित धूसर मृद्भांड को भारतवर्ष में आर्यों के साथ। धूसर मृद्भांड 3000 ई.पू. या उसके पहले से ही दक्षिण मध्य एशिया, ईरान, अफगानिस्तान और बलूचिस्तान में पाया जाता है।[1] यह मृद्भांड नवपाषाणयुगीन संस्कृति से जुड़ा हुआ है, और ये संस्कृतियाँ बलूचिस्तान में मेहरगढ़ को छोड़कर भारतीय उपमहादेश में सामान्यतः 3000 ई. पू. से पहले नहीं जन्म लेती हैं। सम्भवतः जब हिन्द-ईरानी समुदाय दक्षिण मध्य एशिया और इसके पड़ोस में आए तो उन्होंने धूसर मृद्भांड को अपनाया और बाद में जब वे धीरे-धीरे हिन्दूकुश पार करके पाकिस्तान, पंजाब, हरियाणा, पश्चिमी उत्तरप्रदेश और राजस्थान में बसे तो भी उन्होंने इस प्रकार के बरतन को नहीं छोड़ा।

जिस प्रकार भारतीय उपमहादेश में कई रंग के बरतनों और भौतिक अवशेषों को आर्यों के आगमन का सूचक माना गया है उसी प्रकार यूरोप में कई प्रकार के बरतनों से हिन्द-यूरोपियों की पहचान की जाती है। भारत में लाल और काले

1. काला-धूसर चमकदार, मृद्भांड उत्तरी पाकिस्तान में स्वात नदी की घाटी के सारे वासस्थानों के सभी चरणों में पाया जाता है। इसका निकट का सम्बन्ध उत्तर ईरान के मृद्भांड से है जो 2500 ई.पू. से फैलता गया। यहाँ के मृद्भांडों के कई प्रकारों की तुलना उत्तरी अफगानिस्तान के दैशली नामक स्थान में पाए गए प्रकारों से की जा सकती है और इन प्रकारों में धूसर चमकदार मृद्भांड शामिल हैं। दैशली में पाए गए मृद्भांड का सम्बन्ध शाह-टेपे, हिसार और तुरंग-टेपे में पाए गए मृद्भांडों से है।—जी स्टासूल, *प्रीहिस्टॉरिक* एंड *प्रोटोहिस्टॉरिक स्वात* पाकिस्तान, (3000-1400 ई.पू.), रोम, आई. एस.एम.ई.ओ., 1987, पृ. 122

रंग के बरतन, काले स्लीपवाले बरतन, गेरुआ रंगवाले बरतन, धूसर बरतन, धूसर चित्रित बरतन इत्यादि को आर्यों का बरतन बतलाया गया है। इन बरतनों के चलन का प्रारम्भिक समय लगभग 1800 ई.पू. और 900 ई.पू. के बीच पड़ता है। इन सारे प्रकार के बरतनों में धूसर रंग के बरतन के *आर्य* होने की सम्भावना अधिक दीखती है।

हिन्द-यूरोपियों का मूल निवासस्थान निश्चित करने में यूरोप के चार प्रकार के बरतनों को उनके साथ जोड़ा जाता है। एक है रस्सी के चिह्नवाला बरतन,[1] दूसरा है छुच्छीदार टोंटीवाला बरतन[2], तीसरा है गोलाकार दोहत्था कलशवाला बरतन[3] और चौथा है रैखिक बरतन।[4] पहला पश्चिम में नीदरलैंड्स से लेकर पूरब में ऊपरी वोल्गा नदी और मध्य नीपर नदी तक फैला है; उत्तर में यह स्कैंडेनेविया तक मिलता है और दक्षिण में स्वीट्ज़रलैंड तक;[5] दूसरा उत्तरी यूरोप में,[6] तीसरा उत्तरी और मध्य यूरोप में जहाँ यह छुच्छीदार टोंटीवाले बरतन के बाद आया[7] और चौथा डैन्यूब के काँठे में।[8] इन सभी प्रकार के बरतन इस्तेमाल करनेवालों की संस्कृतियाँ एक समय की नहीं थीं, कुछ पहले और कुछ बाद की थीं और उनका समय लगभग 5000 ई.पू. और 2500 ई.पू. के बीच का पड़ता है। पर ये सब-के-सब घोड़े का प्रयोग करते थे। ऐसा लगता है कि प्राचीनतम घोड़ेवाले क्षेत्र से हिन्द-यूरोपीय जहाँ-जहाँ गए वहाँ के प्रचलित भांड को उन्होंने अपनाया और अगल-बगल में फैलाया। इसलिए बरतन के आधार पर आर्यों के मूल निवासस्थान का निर्धारण नहीं हो सकता है पर विशेष प्रकार के बरतन के फैलाव का सम्बन्ध हिन्द-यूरोपियों के प्रसार से जोड़ा जा सकता है।

हिन्द-यूरोपीय समस्या पर प्रकाश डालने, विशेषतः यूरोप और मध्य एशिया में उनके मूल वासस्थान को निर्धारित करने के लिए जिस प्रकार के पुरातत्त्व का सहारा लिया जाता है, वह मूलतः कब्रों की खुदाई पर आश्रित है। यह स्थिति ठीक उसी प्रकार की है जैसे भारत की मेगलिथिक (Megalithic) समस्या के अध्ययन में पैदा होती है। यूरोप में ऐसी बस्तियाँ बहुत कम मिली हैं जिनके अध्ययन से

1. जे.पी. मैलॉरी, *इंडो-यूरोपियंस*, पृ. 244-50
2. वही, पृ. 162
3. वही, पृ. 182
4. वही, पृ. 164
5. वही, पृ. 244
6. वही, पृ. 162
7. वही, पृ. 182
8. वही, पृ. 164

हिन्द-यूरोपीय जीवन-पद्धति पर प्रकाश पड़ सके।

इसके विपरीत भारतीय उपमहादेश में स्वात की घाटी को छोड़कर बिरली ही ऐसी कब्रें मिली हैं जिनके आधार पर वैदिक लोगों के जीवन पर प्रकाश डाला जाए। यद्यपि **ऋग्वेद** में शव को गाड़ने की प्रथा है, तथापि ऐसी कब्रों का भारत में पता लगाना बाकी है। **शतपथ ब्राह्मण** में अस्थियों के ऊपर श्मशान अथवा छोटे टीले के साथ कब्र बनाने का विधान है, पर टीलेवाले श्मशान अभी तक की खुदाई में नहीं निकले हैं।

ब्रिटिश विद्वान कॉलिन रेनफ्रू ने हिन्द-यूरोपीय संस्कृति के और तत्त्वों की उपेक्षा की है और केवल कृषि के प्रसार पर बल दिया है। उसका मत है कि अनातोलिया अर्थात् आधुनिक तुर्की में 7000 ई.पू. में नवपाषाणकालीन संस्कृति जनमी और खेती आरम्भ हुई। इस संस्कृति के जन्मदाता हिन्द-यूरोपीय थे। पर हिन्द-यूरोपियों का मूलस्थान अनातोलिया था और वहाँ से वे उत्तर नवपाषाणकाल में काला सागर के दोनों ओर फैले, इस मत का प्रतिपादन पहले-पहल 1985 में गैमक्रेलिज और इवानॉव नामक भाषाशास्त्रियों ने किया।[1] 1987 में रेनफ्रू ने इस फैलाव का सम्बन्ध खेती से स्थापित किया। उनके अनुसार जैसे-जैसे खेती का प्रसार हुआ वैसे-वैसे हिन्द-यूरोपीय भी यूरोप और एशिया में फैलते गए; पर इसमें बहुत समय लगा। प्रत्येक वर्ष एक किलोमीटर के हिसाब से कृषक आगे बढ़ते थे।[2] याद रहे कि इराक, ईरान और बलूचिस्तान में 6500 ई.पू. के आस-पास खेती पाई जाती है। रेनफ्रू के सिद्धान्त के अनुसार यह नहीं सिद्ध हो सकता है कि खेती इन जगहों में अनातोलिया से आई। जे.पी. मैलॉरी ने इस मत का खंडन और कारणों से भी किया है। जब अनातोलिया में अभिलेखीय प्रमाण पहले-पहल 17वीं शताब्दी ई.पू. में मिलता है तो उस समय वहाँ भारोपीय भाषा के अतिरिक्त दो अन्य भाषाएँ मिलती हैं जो गैर-भारोपीय हैं। अनातोलिया के स्थान-नाम बतलाते हैं कि भारोपियों के आगमन के पहले यहाँ गैर-भारोपीय भाषाएँ प्रचलित रहीं। यदि अनातोलिया आरम्भ से ही भारोपियों का मूल वासस्थान होता तो ऐसी बात नहीं होती। दूसरी बात है कि चौथी सहस्राब्दि ई.पू. के पहले अनातोलिया में घोड़े के प्रचलन का कोई प्रमाण नहीं है। खुदाई में घोड़े की हड्डियाँ अनातोलिया से पहले दक्षिणी-पूर्वी यूरोप में मिलती है। अभिलेख बतलाते हैं कि अनातोलिया में घोड़े

---

1. टी. गैमक्रेलिज एंड आई इवानॉव, 'दि माइग्रेशंस ऑफ ट्राइब्स स्पीकिंग इंडो-यूरोपियन डाएलेक्ट्स फ्रॉम देअर ऑरिजीनेल होमलैंड इन दि निअर ईस्ट टू देअर हिस्टॉरिकल हैबिटेशंस इन यूरेशिया,'' जर्नल ऑव दि इंडो-यूरोपियन स्टडीज़ जि. 13. 1985. पू. 49-91
2. कॉलिन रेनफ्रू आर्कियोलॉजी एंड लेंग्वेज : दि पज़्ल ऑव इंडो-यूरोपियन ऑरिजिंस 1989, पृ. 125, 129

का वास्तविक महत्त्व दूसरी सहस्राब्दि में सामने आया।

रेनफ्रू भारोपियों का प्रसार 6500 ई.पू. में निर्धारित करते हैं जो आरम्भिक नवपाषाणकालीन संस्कृति से मेल खाता है। पर तुलनात्मक भाषाशास्त्र के आधार पर जिस संस्कृति की रूपरेखा प्रस्तुत की गई है वह उत्तरी नवपाषाणकाल की उपज है। एंड्रू शेरेट नामक ब्रिटिश पुरातत्त्वविद् ने *द्वितीय उत्पाद क्रान्ति* की परिकल्पना की है। इसका उदय उत्तर-नवपाषाणकाल में 4500 ई.पू. के आसपास हुआ जब कहीं-कहीं लोग थोड़ा-बहुत धातु का भी इस्तेमाल करते थे। इस क्रान्ति के फलस्वरूप मक्खन, जूआ, हल, ऊन इत्यादि सामग्रियों का प्रयोग होने लगा। पहले लोग मांस खाने के लिए जानवर पालते थे, अब वे उसके दूध और दूध के बने अनेक उत्पादों का उपयोग करने लगे। आद्य हिन्द-यूरोपीय संस्कृति में द्वितीय उत्पाद क्रान्ति के लगभग सारे लक्षण पाए जाते हैं, पर अनातोलिया की नवपाषाणकाल की प्रारम्भिक संस्कृति में उनका नितान्त अभाव है।

4
घोड़ा और आरावाला पहिया

1. साहित्यिक उल्लेख

हिन्द-यूरोपियों के जीवन में घोड़े का सर्वाधिक महत्त्व है। अश्व से मिलते-जुलते शब्द ईरानी, लैटिन, यूनानी आदि हिन्द-यूरोपीय भाषाओं में पाए जाते हैं और प्राचीन काल में व्यक्तिवाची नामों में घोड़े का काफी महत्त्व था। विभिन्न रूपों में **ऋग्वेद** में अश्व का उल्लेख 250 स्थलों पर है हालाँकि गौ का उल्लेख भी लगभग 176 स्थलों पर है। **ऋग्वेद** की पूरी दो ऋचाओं (1.162-63) में अश्व की स्तुति है। अश्विन् देव दो अश्वरोही हैं जिनका वैदिक देवमाला में उच्च स्थान है। प्रायः सभी वैदिक देवताओं का सम्बन्ध घोड़े से है, विशेषतः इन्द्र और उनके लड़ाकू सहचर मरुत् से। बल की उपमा प्रायः घोड़े से ही दी जाती है। वैदिक जन प्रज्ञा और पशु के अतिरिक्त घोड़े के लिए प्रार्थना करते हैं, और कभी-कभी 1000 घोड़े माँगते हैं। यद्यपि **ऋग्वेद** के अनुसार घोड़े रथ में लगाए जाते थे, घुड़सवारी का भी उसमें प्रमाण है।

ज़ेन्द अवेस्ता में गोधन का महत्त्व कुछ अधिक मालूम पड़ता है, पर घोड़े (अश्व) का महत्त्व कम नहीं है। मिथ्र (मित्र) देवता की स्तुति में घोड़ा और रथ दोनों की भरपूर चर्चा है।[1] घोड़े के साथ कई और देवताओं का निकट का सम्बन्ध जोड़ा गया है। सूर्य देवता को तेज चालवाले घोड़े का स्वामी बतलाया गया है।[2]

बाद में भारतीय प्रतिमाशास्त्र में सप्ताश्व रथवाले सूर्य प्रसिद्ध हो गए। **अवेस्ता** में पनात्-अपाम् नामक देवता को भी तेज चालवाले घोड़े का स्वामी बतलाया गया है।[3] ध्यान रहे कि **ऋग्वेद** में अपाम्-नपात् की चर्चा है। जरथुष्ट्र

---

1. *सेकरेड बुक्स ऑव दि ईस्ट,* जिल्द 23, *ज़ेन्द-अवेस्ता,* भाग 2, मोतीलाल बनारसीदास, दिल्ली, 1982, पृ. 136, 138, 152, 157
2. वही, पृ. 142, 350-51, जिल्द 31, पृ. 256, 271
3. वही, जिल्द 31, पृ. 219

युवा राजा विस्तास्प को आशीर्वाद देते हैं कि वह अश्वों से समृद्ध हो और देवों से प्रार्थना करते हैं कि वे इस राजा को तेज चाल के घोड़ों और शक्तिशाली सुपुत्रों से सम्पन्न करें।[1] *अस्प (अश्व)* शब्द केवल विस्तास्प के नाम में ही नहीं बल्कि अनेक योद्धाओं और सरदारों के नाम में मिलता है। ये नाम हैं पोरसास्प (जरथुष्ट्र के पिता), करेसास्प, गुश्तास्प और गमास्प।[2] घोड़ा ईरानी शासक वर्ग के जीवन का ऐसा अभिन्न अंग था कि अपराधों के लिए सजा घोड़े के चाबुक *(अस्प-अस्त्रं)* से दी जाती थी।[3] यद्यपि **अवेस्ता** के गाथा भाग में निस्सन्देह घोड़े की चर्चा कम है, पर मोटामोटी सारे **अवेस्ता** में केवल सामान्य घोड़े की ही नहीं[4] बल्कि रथवाले[5] और सवारी करनेवाले[6] घोड़े की चर्चा है।

2. 2000 ई.पू. के पहले भारत में पालतू घोड़े का अभाव

भारतीय उपमहादेश में 2000 ई.पू. के पहले घोड़ऋे के होने का पक्का साक्ष्य नहीं मिलता है। 4500 ई.पू. के लगभग राजस्थान के बगोर में पालतू घोड़ा मिलने की चर्चा की गई है[7] पर जहाँ-जहाँ बगोर में पाए गए जानवरों की सूची दी गई है[8] उसमें कहीं भी घोड़े का नाम नहीं है। अतएव बगोर के घोड़े पर भरोसा नहीं किया जा सकता है। घोड़े मिलने का जिक्र राना घुंडई (बलूचिस्तान) में भी किया गया है[9] जिसका समय तीसरी सहस्राब्दि है पर जाँच करने पर यह गोरखर निकला है।[10] ध्यान देने का विषय है कि हड़प्पाई लिपिमाला में साँढ़, हाथी और अन्य कई जानवरों के चित्र मिलते हैं, पर चित्रलिपि में घोड़े का नामोनिशान नहीं है। साँढ़

1. *सेकरेड बुक्स ऑव दि ईस्ट, ज़ेन्द-अवेस्ता,* भाग 2, मोतीलाल बनारसीदास, दिल्ली, 1982, जिल्द 23, पृ. 328, 340
2. वही, पृ. 324-29, तुलना करें जिल्द 31, पृ. 235, 247, पा. टि. 49 सहित, पृ. 250
3. *सेकरेड बुक्स ऑव दि ईस्ट,* जिल्द 4, जेन्द-*अवेस्ता,* भाग 1, भूमिका, पृ. 96 तथा पुस्तक का पृ. 31,
4. वही, पृ. 173, 199, 204, 216, 270-71, 276,
5. वही, जिल्द 23, पृ. 136, 138
6. वही, पृ. 124, पा. टि. 3 सहित
7. *ए. इ. आ.* जिल्द 1, पृ. 4
8. वही, पृ. 39-41, 3/4; एच.डी. साँकलिया, *दि प्रिहिस्ट्री एंड प्रोटोहिस्ट्री ऑव इंडिया एंड पाकिस्तान,* न्यू एडीशन, पृ. 271-72, आश्चर्य का विषय है कि *ए.इ.आ.,* जिल्द 1 के पृष्ठ 4 पर जी, एल. बादम बगोर में पालतू घोड़े का जिक्र करते हैं, पर उसी के पृ. 314 पर वे इसको बगोर के जानवरों की सूची में नहीं रखते हैं।
9. *ए. इ. आ,* जिल्द 1, पृ. 76
10. एच. डी. साँकलिया, पूर्वोक्त, पृ. 325 पर उद्धृत ऑलचिन दम्पति का मत।

काफी संख्या में लिपि में चित्रित है[1] और इसके बाद हाथी का स्थान आता है। ऐसा लगता है कि प्राक्वैदिक सभ्यताओं में साँढ़ की पूजा होती थी। सैन्धव घाटी में ककुदवाले साँढ़ के चित्रित मोटिफ पाए जाते हैं।[2] पर साँढ़ की मृण्मयी मूर्त्तियों की प्रधानता बलूचिस्तान के ताम्रपाषाणयुगीन स्थलों में पाई जाती है।[3] अनेक स्थलों पर साँढ़ की मिट्टी की मूर्त्तियाँ मिली हैं। राना घुंडई में मिट्टी के बर्तन पर साँढ़ का चित्र मिला है।[4] लोथल में घोड़े की मृण्मयी मूर्त्तियाँ मिलती हैं,[5] पर वे 2000 ई.पू. के बाद की हैं। सैन्धवोत्तर काल में वृषभ के रूप में साँढ़ की पूजा चलती रही, और शिव देवता के साथ नन्दी का सम्बन्ध जोड़ा गया।

3. नीपर और वोल्गा नदियों के बीच अश्वपालन

पालतू घोड़े 2000 ई.पू. के पहले यूरोप से लेकर मध्य एशिया तक के बहुत बड़े क्षेत्र में पाए जाते हैं हालाँकि यह बात गदहे पर लागू नहीं है। घोड़े भी हर जगह एक समान नहीं पाए जाते हैं। दक्षिणी-पूर्वी यूरोप अथवा बल्कन के इलाके में घोड़े बहुत कम मिलते हैं। यूनान में घोड़े 2000 ई.पू. के पहले नहीं मिलते हैं। पूर्वी बल्कन में चौथी सहस्राब्दि ई.पू. में जहाँ-तहाँ घोड़ों के कुछ अवशेष मिले हैं लेकिन ऐसा लगता है कि काले सागर के क्षेत्र से जहाँ घोड़े पहले मिले हैं, इस क्षेत्र का सम्पर्क था। मध्य और उत्तरी यूरोप में घोड़ों की कुछ हड्डियाँ अवश्य मिली हैं और पुरानी भी हैं, पर ये जंगली घोड़ों की हड्डियाँ लगती हैं।

ध्यान रखने का विषय है कि सबसे अधिक घोड़े होने का प्रमाण पश्चिम में नीपर नदी से लेकर पूर्व में वोल्गा नदी तक के क्षेत्र में मिलता है। 6000 ई.पू. के आसपास दक्षिणी यूराल क्षेत्र में पालतू घोड़े के होने का साक्ष्य मिलता है।[6] मैरिजा गिम्बुटस के अनुसार सम्भवतः वोल्गा स्टेप के गड़रियों ने सबसे पहले घोड़ों

1. *ए.इ.आ.* जिल्द 1, पृ. 362
2 वही, पृ. 232
3. वही और एच.डी. साँकलिया, पूर्वोक्त, पृ. 323,
4. एच.डी. साँकलिया, पूर्वोक्त, पृ. 326
5. *ए.इ.आ.*, जिल्द 1, पृ. 338
6. देखिए मैरिजा गिम्बुटस के विचार, करेंट *एन्थ्रोपॉलॉजि,* जिल्द 27, सं. 4, 1986, पृ. 306; जी, मत्युशिन, 1986, उद्धृत एम, ज्वेलेबिल और के.वी, ज्वेलेबिल, 'एग्रीकल्चरल ट्रांजिशन एंड इंडो-यूरोपियन डिसपर्सल्सि, *एंटिक्वीटी,* जिल्द 62, सं. 236, 1988, पृ. 581

को पालतू बनाया।[1] छठी सहस्राब्दि ई.पू. में काला सागर के निकट भी पालतू घोड़े के अवशेष मिलते हैं। घोड़े इस्तेमाल करनेवाले ताम्बे का भी प्रयोग करते थे। ताम्बे का प्रयोग ठीक से चौथी सहस्राब्दि ई.पू. में आरम्भ हुआ, यद्यपि उत्तरी आल्प्स् क्षेत्र में पाँचवीं सहस्राब्दि ई.पू. की एक ताम्बे की कुल्हाड़ी मिली है। फिर आगे बढ़कर तीसरी सहस्राब्दि ई.पू. होते-होते दक्षिणी साइबेरिया में अधिक घोड़े होने का प्रमाण मिलता है। यदि हम आद्य भारोपीय काल में केवल पालतू घोड़ों की बात करें तो उनका मूल स्थान काले सागर और दक्षिणी यूराल के क्षेत्र में पड़ेगा।

काले सागर के करीब होने के कारण पश्चिमी एशिया के पश्चिमी भाग अर्थात् तुर्की (अनातोलिया) में घोड़े के अवशेष 3200 ई.पू. के आस-पास मिलते हैं। पुरातत्त्व से अनुमान लगाया जाता है कि एलम अर्थात् दक्षिण-पूर्व ईरान में तीसरी सहस्राब्दि ई.पू. के लगभग घोड़े मौजूद थे। पर ई.पू. चौथी या तीसरी सहस्त्राब्दियों में पश्चिम एशिया के जीवन में घोड़े का कोई व्यापक प्रभाव नहीं दीखता है। आम इस्तेमाल में आने के लिए घोड़े को 3000 वर्ष से अधिक समय लगा। याद रखने की बात है कि रोम में आटा पीसने की चक्की का आविष्कार ई.पू. दूसरी सदी में हुआ। लेकिन उसका आम प्रचलन पाँचवीं सदी ई. सन् में हुआ। उसी प्रकार भारत में लोहे की जानकारी 1200-1000 ई.पू. के लगभग आई, पर उत्पादन में इसका ठीक से प्रयोग छठी सदी ई.पू. से आरम्भ हुआ।

4. रथ और आरावाला पहिया

केवल घोड़े से ही नहीं बल्कि रथ से हिन्द-यूरोपियों की पहचान की जाती है। एक मत के अनुसार चौथी सहस्राब्दि ई.पू. में रथ का प्रारम्भ पश्चिम एशिया में हुआ और फिर सम्पर्क के कारण दक्षिण रूस के स्टेप्स् के वासियों ने रथ के पहिए को उसी सहस्राब्दि ई.पू. में अपनाया। पर यह भी ध्यान देने का विषय है कि आद्य हिन्द-यूरोपियों को रथ और पहिए की अच्छी जानकारी थी जो उनके फैलने के साथ-साथ विभिन्न क्षेत्रों में फैली। रथ के लिए आद्य हिन्द-यूरोपीय भाषाओं में दो शब्द हैं, और प्रत्येक का प्रयोग लगभग आधे दर्जन हिन्द-यूरोपीय भाषाओं में पाया जाता है। वही बात रथ के विभिन्न भागों के विषय में कहीं जा सकती है। धुरी, जूआ, और चक्रनाभि प्रत्येक के लिए सजातीय शब्द आधे दर्जन हिन्द-यूरोपीय भाषाओं में मिलते हैं। रथ से यात्रा करने के लिए एक क्रियावाचक शब्द आधा

1. *करेंट एन्थ्रोपॉलॉजि,* जिल्द 27, सं. 4, 1986, पृ. 306

दर्जन हिन्द-यूरोपीय भाषाओं में पाया जाता है। एक सजातीय क्रियावाचक शब्द हत्ती और संस्कृत भाषा में पाया जाता है जिससे रथ के जोतने का बोध होता है।

दक्षिणी रूस की खुदाई में 3000 ई.पू. से रथ होने के प्रचुर प्रमाण मिलते हैं। उस सहस्राब्दि ई.पू. के दो एवं चार पहिएवाले भी रथ मिले हैं; पर 2000 ई.पू. तक के अधिकांशतः पहिए पिंड के समान ठोस होते थे। पहिए की जानकारी उस समय थी जब हिन्द-यूरोपीय भाषा-भाषी एक साथ रहते थे, पर आरे अथवा कमानी की जानकारी तब हुई जब वे अलग-अलग हो गए। 1700-1600 ई.पू. के आस-पास दक्षिणी यूराल के पूरब सिनश्ता नदी पर एक कब्रगाह मिला है जिसमें दस कमानीवाले रथों और उनके घोड़ों के अवशेष पाँच कब्रों में मिले हैं। काला सागर और कैस्पियन सागर के बीचोबीच एक स्थल पर प्रायः 1500 ई.पू. वाली कब्रों (बैरो) में दो पहिएवाले दो सुरक्षित रथ मिले हैं, और उनके प्रत्येक पहिए में 28 कमानियाँ हैं, पर 1400 ई.पू. तक पश्चिम एशिया के पहियों में केवल चार कमानियाँ होती थीं।[1] पश्चिम एशिया में कमानीदार पहिया बेबीलोनिया पर राज्य करनेवाले कस्सियों ने चलाया। फिर जब मितान्नियों ने उत्तरी सीरिया में अपना राज्य कायम किया तो उन्होंने कमानीदार रथ का उस इलाके में प्रयोग किया। अभिलेख के अनुसार मितान्नियों का पक्का समय 1380 ई.पू. है, परन्तु वे एक-आध सौ साल पहले ही उत्तरी सीरिया में प्रवेश कर चुके थे। धीरे-धीरे भारी पहिएवाले रथ की जगह पर हल्के पहिएवाले रथ का प्रचार हुआ। कहा जाता है कि कमानीदार पहिए का प्रयोग हिन्द-यूरोपियों अथवा आर्यों की विशेषता नहीं है।[2] 1600 ई.पू. के आसपास पश्चिम एशिया में उनके आने के पहले इसका आविष्कार हो चुका था।[3] ईरान के हिसार नामक स्थान से एक मुहर मिली है जिस पर आरेवाले पहियों का चित्र है। उत्तरी कॉकसस क्षेत्र में एक काँसे की बनी वस्तु मिली है जिसमें आरे का चित्र है। दोनों का समय 2300 ई.पू. रखा जाता है।[4] यद्यपि पश्चिम एशिया में रथ की जानकारी थी, पर इसमें सन्देह नहीं कि यहाँ घोड़ेवाले रथ बाहर से आए और सम्भवतः वहाँ के पहियों में कमानी लगाने का प्रचलन स्टेप्सवाले अश्वरथों के आने के कारण हुआ। पूर्वी यूरोप में कमानीदार पहिए का साक्ष्य 1200 ई.पू. में स्पष्ट रूप से मिलता है, पर सम्भव है दो सौ साल पहले कमानी का प्रयोग आरम्भ हो गया हो।

1. *एस्को परपोला,* पूर्वोक्त, पृ. 143
2. जे. पी. मैलॉरी, *इंडो-यूरोपियंस,* पृ. 41 पर उद्धृत मत।
3. वही।
4. डेविड डब्ल्यू, एन्थनी और बर्नर्ड वेल्स का लेख, करेंट एन्थ्रोपॉलॉजि, जिल्द 29, सं. 39 जून 1988, पृ. 443

5. भारत तथा इसके उत्तर-पश्चिम पड़ोस में घोड़े का आगमन

दक्षिणी मध्य एशिया, अफगानिस्तान और पूर्व मध्य एशिया में घोड़े का प्रयोग 2000 ई.पू. के बाद ही काफी हद तक फैला। घोड़े के प्रचलन के भरपूर प्रमाण पश्चिमी एशिया में 17वीं सदी ई.पू. से 14वीं सदी ई.पू. के बीच अभिलेख से मिलते हैं। सम्पर्क के कारण गैर हिन्द-यूरोपियों ने भी इसे अपनाया। 1580 ई.पू. में घोड़े और रथ के बल पर हिक्सॉस ने मिस्र में अपना आधिपत्य जमाया, और लगभग उसी समय इसी के सहारे कस्सियों ने बेबीलोनिया में अपना राज्य स्थापित किया। जब बेबीलोनिया (आधुनिक इराक) के लोगों ने पहले-पहल घोड़ा देखा तो गदहे से सुपरिचित होने के कारण उन्होंने घोड़े को परदेशी कहा और पहाड़ी गदहा बतलाया, ठीक उसी तरह जैसे भैंस से सुपरिचित नहीं होने के कारण वैदिक जनों ने इसे गोवाची नाम *गौर* और *गौरी* दिया, ऐसे **ऋग्वेद** में भैंस के लिए *महिष* शब्द का भी प्रयोग होता है। खुदाइयों से मध्य एशिया के दक्षिणी भाग, ईरान और अफगानिस्तान में अनेक स्थानों पर घोड़े के अवशेष मिलते हैं, जिनका समय दूसरी सहस्राब्दि ई.पू. में पड़ता है। दूसरी सहस्राब्दि ई.पू. के मध्य के लगभग घोड़े और रथ के बहुसंख्यक चित्र किरगीजिया, अल्टाई क्षेत्र, मंगोलिया पामीर पर्वत श्रेणी और सबसे अधिक दक्षिणी ताजिकिस्तान में पाए जाते हैं।[1]

रिचर्ड मिडो नामक विशेषज्ञ ने घोड़े के अवशेषों का विशद और गहरा अध्ययन किया है। वे बतलाते हैं कि 2000 ई.पू. के पहले भारत के उपमहादेश में घोड़े की हड्डियाँ नहीं मिलती हैं। याद रहे कि हिन्द-आर्यों का जीवन अश्वप्रधान था, और उनके कई अनुष्ठान अश्वकेन्द्रित थे, पर यह बात प्रौढ़ हड़प्पाई संस्कृति पर लागू नहीं होती है। 1800 से लेकर 1100 ई.पू. के काल में घुड़सवारी करने का साक्ष्य बलूचिस्तान के काची मैदान में मिलता है। वहाँ बोलन दर्रे के मुँह पर स्थित पिराक नामक स्थान से 1800 से 1300 ई.पू. के तथा 1300 से 1100 ई.पू. के घुड़सवारों की मृण्मूर्तियाँ मिली हैं।[2] उत्तरी पाकिस्तान में स्थित कर्राकोरम पर्वत के चिलास नामक क्षेत्र में भी दूसरी सहस्राब्दि में घोड़े पाए गए हैं।[3] ऐसे घोड़ों के काफी अवशेष और उसके साज-सामान लगभग उसी समय की गन्धार संस्कृति में स्वात नदी की घाटी में पाए गए हैं।[4] स्वात नदी की घाटी ही में गैलिगै नामक स्थान पर भी दूसरी सहस्राब्दि ई.पू. में घोड़े की मौजूदगी के

---

1. एस्को परपोला, पूर्वोक्त, पृ. 143
2. वही, पृ. 150
3. वही, पृ. 145, 159
4. जे.पी. मैलॉरी, पूर्वोक्त पृ. 47

सबूत मिलते हैं।[1] बलूचिस्तान के काची मैदान में स्थित पिराक में घोड़े पाए जाने का सम्बन्ध कच्छ जिले के सूरकोटडावाले घोड़े से किया जा सकता है। सूरकोटडा में घोड़े की हड्डियाँ सबसे निचले स्तर में मिली हैं और इसका समय 2100-1700 ई.पू. के आसपास रखा जा सकता है।[2] राजकोट से 100 किलोमीटर की दूरी पर स्थित कोंटसी नामक हड़प्पाई स्थल पर घोड़े की हड्डियाँ मिली हैं जिनका समय 2200-1950 ई.पू. निकला है,[3] पर और जानवरों की तुलना में इन हड्डियों की संख्या नगण्य है और यह भी स्पष्ट नहीं है कि ये जंगली या पालतू घोड़े के अवशेष हैं। सूरत के मलवन नामक स्थान में घोड़े की हड्डी मिली है।[4] मोहेनजोदड़ो, हड़प्पा, रोपड़ और लोथल में हड़प्पाई सभ्यता के पिछले काल में घोड़े होने के साक्ष्य मिले हैं।[5] रंगपुर में घोड़े की मृण्मयी मूर्तियाँ मिली हैं।[6] लोथल में घोड़ें मिलने की बात बढ़ा-चढ़ाकर कही जाती है।[7] पर ध्यान देने का विषय है कि लोथल का समय प्रौढ़ हड़प्पा काल के बाद पड़ता है और वहाँ संक्रमण काल की सभ्यता है जिसकी परिणति पछेती हड़प्पाई सभ्यता में होती है।[8] उल्लेखनीय है कि हाल की हड़प्पा की खुदाइयों (1980-93) में और कच्छ स्थित धोलावीरा की खुदाइयों में घोड़े की न तो हड्डियाँ मिली हैं और न मूर्तियाँ। स्पष्टतः प्रौढ़ हड़प्पाई संस्कृति में घोड़े होने का प्रमाण नहीं के बराबर है। जो कुछ उदाहरण मिलते हैं वे पछेती हड़प्पाई काल अर्थात् 1600-1000 ई.पू. के हैं जिस समय वैदिक जन उपमहादेश के उत्तरी-पश्चिमी भाग में बस चुके थे।

घोड़े का इस्तेमाल उत्तर भारत में कैसे फैला, इस दृष्टि से स्वात की घाटी में जो साक्ष्य मिला है वह भगवानपुरा और सम्भवतः हस्तिनापुर के लिए महत्त्व का हो सकता है। हरियाणा के कुरुक्षेत्र जिले में अवस्थित भगवानपुरा में ऐसी संस्कृति मिली है जहाँ चित्रित धूसर भांड और उत्तरकालीन हड़प्पाई संस्कृति के अवशेष एक ही परत में मिलते हैं। इसका समय 1300-1200 ई.पू. के आसपास का हो सकता है। इसमें घोड़े की हड्डियाँ मिली हैं।[9] समय और स्थान की दृष्टि

1. एस्को परपोला, पूर्वोक्त, पृ. 155
2. *ए इ.आ* जिल्द 1, पृ. 4; जिल्द 2, पृ. 424-25
3. यह सूचना प्रो. एम.के. धवलीकर से प्राप्त हुई है।
4. *ए.इ.आ.* जिल्द 2, पृ. 274
5. वही, जिल्द 1, पृ. 4, 83
6. वही
7. वही, जिल्द 1 पृ. 90
8. वही
9. वही, जिल्द 2, पृ. 64

से इनका सम्बन्ध गन्धारवाले घोड़े से जोड़ा जा सकता है। हस्तिनापुर के चित्रित धूसर भांडवाले स्तर में घोड़े की हड्डियाँ मिली हैं,[1] पर इनका समय पहली सहस्राब्दि ई.पू. के मध्य के आसपास पड़ेगा। जगह-जगह पर चित्रित धूसर भांडवाले स्तर में घोड़े और साँढ़ की खिलौनेवाली मृण्मयी मूर्तियाँ भी मिलती हैं।[2]

घोड़े और रथ की जानकारी होने पर भी हिन्द-यूरोपीय एक छलाँग में यूरोप और एशिया में नहीं फैले और एक ही समय उनका प्रसार नहीं हुआ। भारतीय उपमहादेश के पड़ोस में उनका प्रसार लगभग 2000 ई.पू. में प्रारम्भ हुआ और उपमहादेश में यह 1000 ई.पू. अथवा उसके बाद भी चलता रहा। ईरान, अफगानिस्तान और भारत के उपमहादेश में सदियों तक हिन्द-यूरोपियों के छोटे-छोटे जत्थे आते रहे। घोड़ों के कारण उनकी गतिशीलता पैदल चलनेवालों से पाँच गुना अधिक बढ़ गई। यह कहना कठिन है कि हिन्दूकुश के दर्रे से होकर घोड़ेवाले रथ भारत आए होंगे, पर घोड़े पर सवार होकर तो लोग आ ही सकते थे।

चक्केवाली गाड़ी की जानकारी हड़प्पा संस्कृति में लगभग 2500 ई.पू. से थी। कमानीदार चक्के का प्रचलन उस संस्कृति में नहीं था। ऐसे चक्कों के वास्तविक नमूने नहीं मिले हैं। यद्यपि खिलौनेवाली गाड़ी के पहिए पर कमानियों के चित्र हैं,[3] पर इनका समय बाद का हो सकता है जब हड़प्पाइयों का सम्पर्क आर्यों से हुआ। ऐसा लगता है कि रथ का ज्ञान पहले-पहल 3000 ई.पू. में आया और 1600 ई.पू. के आसपास आर्य भाषा-भाषी कस्सियों ने बेबीलोनिया (आधुनिक इराक) में कमानीवाले पहिए का प्रयोग किया। इस प्रयोग के कारण रथ में दो-दो घोड़े जोते जाने लगे जिससे आर्य भाषा-भाषियों की गतिशीलता बहुत बढ़ गई।

6. गंगा के मैदानों में घोड़ा फैलने का पुरातात्त्विक साक्ष्य

वैदिक ग्रन्थों से पता चलता है कि घोड़े का बड़े पैमाने पर व्यवहार होता था। पुरातत्त्व बतलाता है कि गंगा के ऊपर और बीचवाले मैदानों में उत्तर-वैदिक काल और वैदिकोत्तर काल में घोड़े का इस्तेमाल फैला। कुरु-पंचाल देश में कुरुक्षेत्र जिला स्थित भगवानपुरा में[4] और मेरठ जिला स्थित हस्तिनापुर में घोड़े की हड्डियाँ

1. ए.इ.आ., जिल्द 2, पृ. 164
2. वही, जिल्द 1, पृ. 107-108
3. *ए.इ.आ.* जिल्द 1, पृ. 337
4. वही, जिल्द 2, पृ. 64

पाई गई हैं।[1] एटा जिला स्थित अतरंजीखेडा में चित्रित धूसर भांड और बादवाली संस्कृतियों में घोड़े की हड्डियाँ पाई गई हैं।[2] उसी जिले के जखेड़ा नामक स्थल में चित्रित धूसर भांडवाली संस्कृति में भी घोड़े की हड्डियाँ मिली हैं। साथ-ही-साथ उसी संस्कृति में हस्तिनापुर में भी मिट्टी के खिलौनों में साँढ़ और घोड़े पाए गए हैं।[3]

ऊपरी और बिचले गंगा के मैदानों में उत्तरी कृष्ण मार्जित भांडों (500-200 ई.पू.) के साथ-साथ जानवरों की मृण्मूर्तियाँ मिली हैं जिनमें घोड़े और हाथी अनेक स्थलों पर पाए जाते हैं। हस्तिनापुर[4] और अतरंजीखेडा[5] दोनों में इस संस्कृति में घोड़े की मृण्मयी आकृतियाँ मिलती हैं। घोड़े और हाथी की कुछ आकृतियों के साथ सवार लगे हुए हैं।[6] सम्भवतः पश्चिमी उत्तरप्रदेश से पालतू घोड़े का प्रयोग पूर्वी उत्तरप्रदेश में फैला।

इलाहाबाद जिले के विन्ध्य क्षेत्र में स्थित महागरा नामक स्थल पर नवपाषाणकाल में घोड़े मिलने की बात कही गई है। पर साथ-ही-साथ उत्खनकों ने यह भी बतलाया है कि महागरा के घोड़े की एक पृथक जाति है जो (पूर्व) सोवियत रूस, ईरान, अफगानिस्तान के क्षेत्रों में रहनेवाले और आर्यों के साथ जुड़े घोड़े से भिन्न है।[7] महागरा की रेडियो कार्बन तिथि 5000 से 1500 ई.पू. है। सम्भवतः बाद की तिथि ठीक हो।

मध्य गंगा के मैदानों में घोड़ा गोरखपुर जिला स्थित नरहन नामक स्थान में मिलता है। यहाँ घोड़े की हड्डियों के मिलने का समय 1300-900 ई.पू. रखा गया है, पर यह स्पष्ट नहीं है कि ये घोड़े पालतू थे अथवा जंगली।[8] इसी स्थान में घोड़े की एक मृण्मयी आकृति उस काल में मिली है जब लोहे का इस्तेमाल होता था पर उत्तरी कृष्ण मार्जित भांड आरम्भ नहीं हुआ था।[9] इसका समय 900-700 ई.पू. आँका गया है और इसको द्वितीय काल कहा गया है। किन्तु तृतीय काल के बीचवाले स्तर की तिथि 300 ई.पू.[10] बनती है। यदि तृतीय काल का प्रारम्भ

1. *ए.इ.आ.*, जिल्द 2, पृ. 164
2. आर.सी. गौड. *एक्सक्वेशन एट अतरंजीखेडा,* दिल्ली, 1993, पृ. 462
3. *ए.इ.आ.* जिल्द 1, पृ. 108, 138, 338,
4. *एनशंट इंडिया,* सं. 10-11 (1954-55), पृ. 86, प्लेट 42, फिगर 3
5. आर.सी. गौड़, उद्धृत पुस्तक, पृ. 366-69
6. ए.इ. आ, जिल्द 1, पृ. 339
7. जी.आर. शर्मा, बी.डी. मिश्र, डी. मंडल, बी.बी. मिश्र और जे.एन.पाल, *बिगिनिंग ऑव एग्रीकल्चर,* इलाहाबाद, 1990, पृ.220-21 और पृ. 221 पर पा, टि.
8. आई.ए.आर. 1984-85, पृ 90; आई.ए.आर. 1985-86, पृ. 123
9. वही।
10. आई.ए.आर. 1985-86, पृ. 123

500 ई.पू. माना जाए तो द्वितीय काल का समय 700-500 ई.पू. बनेगा। बलिया जिला में स्थित खैराडीह नामक स्थल में घोड़े की हड्डी मिली है जिसका समय 1000 ई.पू. रखा गया है।[1] राजघाट (वाराणसी) में कुछ जंगली और पालतू जानवरों के अवशेष 500-200 ई.पू. में मिलते हैं और इनमें घोड़ा भी शामिल है।[2]

बनारस जिले के प्रह्लादपुर में पाई गई घोड़े की मृण्मयी मूर्तियाँ लगभग 500 ई.पू. की हैं[3] जो उत्खनित स्थल के मध्य चरण की हैं। 500 ई.पू. से पालतू घोड़े मध्य गांगेए क्षेत्र के अनेक भागों में फैल गए थे। शृंगवेरपुर, राजघाट,[4] प्रह्लादपुर, बक्सर[5], वैशाली[6], चिराँद[7], सोनपुर[8], पाटलिपुत्र,[9] चम्पा[10] में उतरी कृष्ण मार्जित भांड के चरण में घोड़े की मृण्मयी मूर्ति प्राप्त होती है। चम्पा में घोड़े के चित्रवाले पत्थर के दो ढाँचे मिले हैं।[11] पाटलिपुत्र के निवासियों के बीच घोड़ा बहुत प्रिय था।[12] कृष्ण कुमार सिन्हा का कहना है कि घोड़े की मृण्मूर्तियाँ उतरप्रदेश के स्थलों में 300-50 ई.पू. में बहुत कम मिलती हैं लेकिन 50 ई.पू. से 300 ई.पू. में यह आम बात है।[13]

घोड़ा गति का प्रतीक है इसीलिए रथ में जोते जानेवाले घोड़े को *आशु* कहते हैं, उसका अर्थ तेज होता है।[14] स्पष्टतः यह अश्व से ही सम्बन्धित है इसीलिए इस पशु की अहम भूमिका रही होगी जब वैदिक लोग अपनी यात्रा में दक्षिण पूर्व की ओर बढ़े होंगे। ये लोग छोटे-छोटे झुंडों में मध्य गांगेय मैदान में ऊपर के गांगेय मैदान और उसके पड़ोस से आए थे।

---

1. डॉ. वीरेन्द्र प्रताप सिंह से मिली सूचना के आधार पर
2. ए.के. नारायण और टी.एन.राय, *एक्सक्वेशन एट राजघाट,* भाग 2, पृ. 8-9
3. ए.के. नारायण और टी.एन. राय, *एक्सक्वेशन एट प्रह्लादपुर* (मार्च-अप्रैल, 1963), काशी हिन्दू विश्वविद्यालय, वाराणसी, 1968, पृ. 13, 45-46
4. ए.के नारायण और टी.एन. राय, *एक्सक्वेशन एट राजघाट,* भाग 2, पृ. 8-9
5. ए.इ.आ., जिल्द 2, पृ. 89
6. कृष्ण देव, *वैशाली एक्सक्वेशन,* पृ. 56; बी.पी. सिन्हा एवं एस.आर. राय, *वैशाली एक्सक्वेशन,* पृ. 160
7. बी.एस. वर्मा द्वारा दी गई जानकारी के आधार पर
8. बी.पी. सिन्हा एवं बी.एस. वर्मा, *सोनपुर एक्सक्वेशन,* पटना, 1977, पृ. 119 एवं 180
9. बी.पी. सिन्हा एवं एल.ए. नारायण, *पाटलिपुत्र एक्सक्वेशन,* पृ. 43-44
10. आई. ए.आर. 1971-72, 5 एवं प्लेट 11 बी
11. वही
12. बी.पी. सिन्हा एवं एल.ए. नारायण, *पाटलिपुत्र एक्सक्वेशन,* 1955-56, पटना, 1970, पृ. 10
13. *ए.इ.आ.* जिल्द 1, पृ. 136
14. शत, ब्रा, 5, 3. 3. 3

7. गंगा के मैदानों में पहिए और आरे का प्रयोग

हड़प्पाई काल में भारतीय उपमहाद्वीप के बड़े भाग में गाड़ियों में ठोस पहियों का प्रयोग होता था।[1] बरेली जिले में अहिच्छत्रा के चित्रित धूसर भांडवाले स्तर में वे विभिन्न प्रकार के चक्के, जो हड़प्पाई काल में आम तौर पर पाए जाते हैं, दिखाई पड़ते हैं।[2] लेकिन बिहार के इलाके–जैसे, सोनपुर तथा ताराडीह[3]–में ताम्र-पाषाणकाल में चक्के नहीं पाए जाते हैं और चिराँद में नवपाषाणिक-ताम्रपाषाणिक चरणों में बहुत कम पाए जाते हैं।[4] किन्तु छठी सदी ई.पू. में विकसित मेगलिथिक संस्कृतियों से घोड़ों से चलाए जानेवाले रथों के साक्ष्य मिले हैं।[5]

खिलौने की गाड़ी के चक्के मध्य गांगेय क्षेत्र में बड़ी संख्या में उत्तरी कृष्ण मार्जित बरतनवाले काल में पाए जाते हैं, जिससे पता चलता है कि ठोस और आरेवाले दोनों प्रकार के पहिए प्रचलित थे। मिट्टी के बने ठोस पहिए उत्तरी कृष्ण मार्जित भांडवाले प्राचीनतम स्तरों में मिलते हैं और इस काल के अन्तिम चरण में आरेदार या कमानीदार चक्के दिखाई पड़ते हैं। सोनपुर,[6] पाटलिपुत्र[7] और वैशाली[8] में पाई गई मृण्मयी मूर्तियों से यह अनुमान लगाया जा सकता है कि पहिएवाली गाड़ी का प्रयोग उस समय होता था। चिराँद,[9] सोनपुर,[10] ताराडीह[11] एवं अन्य स्थलों पर पाई जानेवाली मृण्मयी मूर्तियों तथा मूर्ति-खंडों से यह अनुमान किया जा सकता है कि गाड़ी का प्रयोग आम तौर पर होता था। आहत सिक्कों पर तथा बिना अभिलेखवाले ताम्र सिक्कों पर प्रतीक के रूप में चक्के का प्रयोग दिखाई पड़ता है।[12]

मध्य-गांगेय क्षेत्र की संस्कृतियों में लोहे का प्रयोग मिलता है तथा चक्के, गाड़ी एवं घोड़े अच्छी संख्या में पाए जाते हैं, पर वहाँ की ताम्रपाषाणिक संस्कृतियों

1. *ए.इ.आ.*, जिल्द 1, पृ. 337
2. वही
3. ए.के. प्रसाद द्वारा दी गई जानकारी के आधार पर
4. बी.एस. वर्मा द्वारा दी गई जानकारी के आधार पर
5. *ए.इ.आ.*, जिल्द 1, पृ. 336
6. बी.पी. सिन्हा एवं बी.एस. वर्मा, पूर्व उद्धृत, पृ. 123-125
7. बी.पी. सिन्हा एवं एल ए. नारायण, पूर्व उद्धृत, पृ. 47
8. बी.पी. सिन्हा एवं एस.आर. राय, पूर्व उद्धृत, पृ.202-203
9. बी.एस. वर्मा द्वारा दी गई जानकारी के आधार पर।
10. बी.पी. सिन्हा एवं बी.एस. वर्मा, पूर्व उद्धृत, पृ. 124-25
11. *आई.ए.आर.* 1985-86, पृ. 8
12. बी.पी, सिन्हा एवं बी.एस. वर्मा, *सोनपुर एक्सक्वेशंस*, पृ. 95

में ये नहीं पाए जाते। हाँ, ठोस चक्के कहीं-कहीं मध्य गंगा क्षेत्र की ताम्रपाषाणिक संस्कृति में भी मिलते हैं यद्यपि उनके समय का पक्का पता नहीं है। उल्लेखनीय है कि उत्तरी कृष्ण मार्जित भांडवाले काल में कमानीदार चक्के के काफी उदाहरण मिलते हैं जो पहले नहीं मिलते। जब से वे प्रयोग में लाए जाने लगे, उस समय से गाड़ी हल्की हुई और उसकी गति तेज हुई। इस प्रकार उत्तरी कृष्ण मार्जित भांडवाले काल में मध्य गांगेय क्षेत्र में जानवरों की पीठ पर माल ढोए जाने के साथ-साथ गाड़ी पर भी माल ढोया जाने लगा। चौथी-तीसरी शताब्दी ई.पू. से आगे प्राचीन ऐतिहासिक स्थलों में जैसे कौशाम्बी, भीटा, सोनपुर में खिलौने की गाड़ी आम बात हो गई। यह महत्त्वपूर्ण बात है कि मध्य गंगा के मैदानों में घोड़े के इस व्यापक प्रयोग के साथ-साथ पशुबलि की प्रथा फैली, दाह-संस्कार प्रचलित हुआ और एक ऐसी हिन्द-आर्य भाषा ने रूप ग्रहण किया जो पाटलिपुत्र के अशोक के शिलालेखों में दिखाई पड़ता है। घोड़े और कमानीदार पहिए के प्रयोग सहित ये सारे तत्त्व वैदिक संस्कृति के प्रसार के परिचायक हैं।

8. घोड़ा और गैर-हिन्द यूरोपीय लोग

ऐसा सोचना कि घोड़ा, रथ, चक्का तथा कमानीदार चक्के का प्रयोग केवल आर्य ही जानते थे, गलत होगा। घोड़े और रथ का प्रयोग तो हिक्सॉस लोग भी करते थे। इसी कारण 16 वीं सदी ई.पू. में मिस्र को वे जीत पाए। यद्यपि हिक्सॉस और हिन्द-यूरोपीय में निकट का सम्बन्ध माना जाता है, फिर भी इस बात का प्रमाण नहीं है कि हिक्सॉस भारोपीय भाषा बोलते थे। यह कहा जाता है कि मध्य एशिया में घोड़े द्वारा खींचे जानेवाले रथ से और पामीर के शिलांकित घोड़े से आर्यों की विशेष पहचान नहीं हो सकती क्योंकि उनका सृजन स्टेप्स में नहीं हुआ और उनका उपयोग मिस्र तथा अनातोलिया से चीन तक 1500 ई.पू. एवं बाद में होता था। लेकिन याद रहे कि स्टेप्स में घोड़े बहुत पहले आए। घोड़े और रथ का प्रयोग चीन में शांग राजवंश के समय 1800 ई.पू. और 1200 ई.पू. के बीच आया। यह पशु चीन में इसके पहले नहीं देखा गया है। अनातोलिया में घोड़े होने का साक्ष्य 3200 ई.पू. से पहले का नहीं मिलता है। कालासागर तथा दक्षिणी यूराल के क्षेत्रों में चीन तथा मिस्र से कम-से-कम 3000 वर्ष पहले पालतू घोड़े पाए जाते थे। काल और देश के इस विशाल अन्तराल की व्याख्या आवश्यक है। 1500 ई.पू. आते-आते सिर्फ भारोपीय भाषाओं के बोलनेवाले ही घोड़े के रथ नहीं चलाते थे बल्कि दूसरे लोगों ने भी इसे जोर से अपना लिया था।

9. घोड़े के व्यवहार का महत्त्व

पालतू घोड़े के आ जाने से मनुष्य जाति के इतिहास में बड़ा परिवर्तन आया। जीवनयापन के ढंग बदल गए, एक जगह से दूसरी जगह सामान ले जाने का तरीका बदला और युद्ध की शैली बदली। कालासागर से लेकर कैस्पियन सागर तक के क्षेत्रों में उत्खननों से पता चलता है कि लोग बड़ी मात्रा में घोड़े का मांस खाते थे तथा घोड़े और घोड़ियाँ दोनों ही इसके लिए मारे जाते थे। साथ ही घुड़सवारी के कारण लोग बड़े क्षेत्र में शिकार करने लगे और वह भी ज्यादा कारगर ढंग से। घोड़ा न केवल स्वयं भोजन का स्रोत बना, बल्कि उसके प्रयोग के कारण खाद्य के अन्य स्रोतों की वृद्धि हुई। जैसे-जैसे आवागमन की सुविधा बढ़ी, संसाधन दोहन का क्षेत्र भी फैलता गया।

माल ढोने तथा आवागमन के साधन में घोड़े ने क्रान्ति ला दी। दूरदराज जाने में तथा उसकी पीठ पर लादकर कम समय में एक जगह से दूसरी जगह माल ले जाने में घोड़े को लगाया जाता था। साधारणतया सवारीवाला घोड़ा एक दिन में स्टेप्स में 60 से 70 मील तक जा सकता था, मैदानों में तो वह और भी दूर जा सकता था। मालवाही घोड़ा एक दिन में 15 मील तक जा सकता था; पर पैदल चलनेवाले से घुड़सवार की गति पाँच गुणा बढ़ गई।

घोड़े की शारीरिक ताकत और गति ने युद्ध-क्षमता को बहुत बढ़ा दिया। उत्तरयुगीन नवपाषाणिक या कांस्ययुगीन संस्कृति के जिन लोगों में घोड़े का अभाव था उनके सारे हथियार घोड़े इस्तेमाल करनेवालों के मुकाबले में बेकार साबित हुए। चूँकि हिन्द-यूरोपीय घोड़े का बहुत इस्तेमाल करते थे इसलिए वे तीसरी सहस्राब्दि के उत्तरार्द्ध और दूसरी सहस्राब्दि ई.पू. में बड़ी तेजी से फैले। जिनके पास घोड़ा और रथ था उनमें अश्व-केन्द्रित आभिजात्य वर्ग का उदय हुआ, और इस वर्ग के लोग समुदाय के नेता बन गए। इस प्रकार घोड़े के आ जाने से समाज में ऐसी प्रक्रिया शुरू हुई जिससे आभिजात्य वर्ग तथा अन्य वर्गों की उत्पत्ति हुई।

घोड़े के उपयोग के क्या-क्या नतीजे हुए, इसका अध्ययन डेविड एन्थनी ने चौथी और तीसरी सहस्राब्दि ई.पू. के कालासागर क्षेत्र के सन्दर्भ में विस्तारपूर्वक किया है। यह अध्ययन 17 वीं और 18 वीं शताब्दी ईस्वी के एक अमेरिकी नमूने पर किया गया। यद्यपि इस अध्ययन के बारे में कुछ विद्वानों ने आपत्तियाँ उठाई हैं, फिर भी घोड़े के उपयोग से होनेवाले जो परिणाम निकाले गए हैं वे बहुत दूर तक मान्य हैं।

भारतीय उपमहादेश तथा ईरान के पड़ोस में पाए गए घोड़े की हड्डियों और

चित्रों से प्रमाणित होता है कि लगभग 2000 ई.पू. से घोड़े का व्यापक उपयोग होता था। लेकिन भारतीय उपमहादेश में समुचित मात्रा में इस प्रकार का पुरातात्त्विक प्रमाण उपलब्ध नहीं है। घोड़े के अवशेष तथा उसकी मृण्मयी मूर्तियाँ उत्तरी पाकिस्तान की स्वात घाटी में कई जगहों में मिलती हैं। फिर पाकिस्तानी बलूचिस्तान में भी घोड़े की मूर्तियाँ पाई जाती हैं।

भारत के हरियाणा राज्य में जहाँ हड़प्पाई और चित्रित धूसर भांड संस्कृतियों का संगम मिलता है, तथा भारत और पाकिस्तान दोनों में जहाँ उत्तरयुगीन हड़प्पाई सभ्यता मिली है वहाँ घोड़ा होने का साक्ष्य पाया जाता है। घोड़े के सबसे अधिक अवशेष पाकिस्तान के उतर-पश्चिम प्रान्त में पाए जाते हैं। लेकिन यद्यपि गन्धार की कब्रों में घोड़े के साज-सामान अधिक मात्रा में मिले हैं, कमानीदार पहिया इत्यादि नहीं पाया गया है। भारतीय उपमहादेश में घोड़े के उपयोग के नतीजे क्या-क्या हुए, इसका अध्ययन हम लोग ठीक से तब कर सकते हैं जब अधिक स्थलों का उत्खनन किया जाए। चूँकि उपमहादेश के निकट मध्य एशिया स्थित पड़ोसी क्षेत्रों में काफी मात्रा में घोड़े के अवशेष खुदाई से मिले हैं, द्वितीय सहस्राब्दि ई.पू. में उपमहादेश के उत्तर-पश्चिम भाग में उनके मिलने की अच्छी सम्भावना है।

5

भाषायी और अभिलेखीय प्रमाण

आर्यों की सबसे बड़ी पहचान उनकी हिन्द-यूरोपीय भाषा है। यह कितनी पुरानी है, कहना कठिन है। कुछ विद्वानों का मत है कि यह कम-से-कम 7000 वर्ष पुरानी है। जो भी हो, इस भाषा की दो शाखाएँ थीं—पूर्वी और पश्चिमी। पश्चिम एशिया में लेखन कला का सर्वप्रथम प्रचलन होने के कारण यहाँ दोनों शाखाओं के अस्तित्व के ठोस अभिलेखीय प्रमाण मिलते हैं। हिन्द-यूरोपीय भाषा का सबसे पुराना नमूना इसकी पूर्वी शाखा का है जो तीसरी सहस्राब्दि ई.पू. के अन्त में मिलता है। हिन्द-यूरोपियों की अपनी कोई लिपि नहीं थी, इसलिए पश्चिमी एशिया में जो कीलनुमा मेसोपोटामिया की लिपि चलती थी उसे अनातोलिया अर्थात् आधुनिक तुर्की में रहनेवाले हत्तियों ने अपनाया। हिन्द-यूरोपीय शब्द 19वीं शताब्दी ई.पू. में उनके अभिलेख में मिले हैं जिससे पता चलता है कि हत्ती लोग पश्चिमी शाखावाली हिन्द-यूरोपीय भाषा बोलते थे। पाए गए अधिकांश हत्ती अभिलेख 16वीं-14वीं सदी ई.पू. के हैं पर उनमें से कुछ 17वीं सदी ई.पू. के आलेख की कॉपी लगते हैं।[1] भाषाशास्त्रियों के अनुसार अनातोलिया में तीन प्रकार की हिन्द-यूरोपीय बोलियाँ प्रचलित थीं, जिनमें लुसियन लगभग 2300 ई.पू. से बोली जाती थी।[2] हत्ती भाषा में इनर शब्द का प्रयोग हुआ है[3] जिससे स्पष्टतः इन्द्र का बोध होता है। हत्ती राजसत्ता के अन्त होने पर 1100 ई.पू. के लगभग उनकी एक शाखा ने हायरोग्लिफिक अर्थात् चित्रप्रधान लिपि अपनाई पर इसकी भाषा भारोपीय थी। अनातोलिया में हिन्द-यूरोपीय भाषा की पश्चिमी शाखा का प्रचलन 19वीं सदी ई.पू. में हुआ, पर यूनान में इस शाखा का आरम्भ 1600 ई.पू. के आसपास हुआ। वहाँ के मायसेनी नामक स्थान में इस शाखा के अभिलेख पाए जाते हैं।

---

1. *दि. कैम्ब्रिज एन्शंट हिस्ट्री,* जिल्द 1, भाग 2, तृतीय संस्करण, कैम्ब्रिज, 1971, पृ. 831
2. वही, पृ. 836
3. वही, जिल्द 1, भाग 1, तृतीय संस्करण, पृ. 140-44, तक्षन् (बढ़ई) शब्द का भी प्रयोग होता है, भाग 2, पृ. 833, मैलॉरी, *इन सर्च ऑव दि इंडो-यूरोपियंस,* पृ. 24-30

हिन्द-यूरोपीय भाषा की पूर्वी शाखा के प्राचीनतम शब्द 2300 ई.पू. के आसपास इराक के एक अभिलेख में पाए गए हैं। इसमें अरिसेन और सोमसेन दो नाम मिलते हैं जिसमें पहला नाम एक राजा का है।[1] ऐसे हिन्द-यूरोपीय भाषा के कुछ शब्द आद्य-यूराली भाषा में, जो रूस के यूराल क्षेत्र में बोली जाती थी, मिले हैं, और उनका समय तीसरी सहस्राब्दि ई.पू. के लगभग आँका जाता है।

इसके बाद अभिलेखों का समय 17वीं शताब्दी ई.पू. के आसपास है और वे कस्सियों के राज्यकाल में बेबीलोनिया अथवा आधुनिक इराक में मिले हैं जिससे पता चलता है कि कस्सी भी भारोपीय भाषा बोलते हैं। कस्सी अभिलेख में शूर्यश्, मरुतश् और भग शब्द मिलते हैं। ये स्पष्टतः सूर्य, मरुत् और भग हैं जो **ऋग्वेद** के देवताओं के नाम हैं। कस्सी में वायु के देवता को *बुरिअश्* कहा गया है जिससे मिलता-जुलता शब्द *बोरिअस* ग्रीक में उत्तरी वायु के लिए प्रयुक्त होता है।[2] *बुरिअश्* का सम्बन्ध वैदिक वायु देव से भी है, वायु के लिए बयार शब्द का प्रयोग अभी भी हिन्दी में चलता है। *बुरिअश्* पद कई कस्सी राजाओं के नाम के अन्त में आता है। कुछ राजाओं के नाम के अन्त में *इन्दश्* शब्द का भी प्रयोग होता है जो इन्द्र से मिलता है। कस्सी भाषा में ये सारे हिन्द-आर्य शब्द 16वीं-15वीं सदी ई.पू. के हैं।[3] पर बेबीलोनिया के राज्य अर्थात् इराक में उनका प्रवेश 18 वीं सदी ई.पू. से ही आरम्भ हो गया था। वे जाग्रोस पर्वत से घोड़ा लाए जिसे बेबीलोनिया (आधुनिक इराक) के लोग 'पहाड़ी गधा' कहते थे क्योंकि उनका कारबार गधे से चलता था। यद्यपि बेबीलोनियावासियों का परिचय घोड़े से सम्भवतः कस्सियों के आने के पहले, लगभग 2000 ई.पू. में, हुआ, इसका आम इस्तेमाल कस्सियों की सत्ता स्थायी होने के कारण हुआ।[4] तीसरा अभिलेख उत्तरी सीरिया अर्थात् मितान्नियों के देश में 14वीं शताब्दी ई.पू. का है। इसमें मित्र, वरुण, इन्द्र, नासत्य आदि देवताओं के नाम का उल्लेख है[5] जो **ऋग्वेद** में भी पाए जाते हैं। अतएव इस अभिलेख की भाषा हिन्द-आर्य अथवा इंडो-आर्यन है। ब्रिटिश विद्वान बरो इसे आद्य हिन्द-आर्य की संज्ञा देते हैं।[6] यह प्रतीत होता है

1. जे. हरमट्टा का विचार, ए.एच. दानी और वी.एम. मैसन, *हिस्ट्री ऑफ सिविलाइजेशन इन सेंट्रल एशिया,* जिल्द 1, यूनेस्को पब्लिशिंग हाउस, पेरिस, 1992, पृ. 374
2. दि इलिअड, अध्याय 23, पृ. 417
3. जॉर्जेज राउक्स (Roux), *एन्शंट राक,* द्वितीय संस्करण, पेंगुइन, हार्मन्ड्स्वर्थ, 1980, पृ. 227-28
4. वही, पृ. 230
5. वही, पृ. 217-18, मैलॉरी, पूर्वोक्त, पृ. 37-43
6. टी.बरो, 'दि प्रोटो-इंडोआर्यन्स,' जर्नल ऑव एशियाटिक सोसाइटी, 1973, पृ. 123-40

कि 14वीं सदी ई.पू. तक हिन्द-आर्य भाषा हिन्द-ईरानी भाषा से अलग हो चुकी थी और इसका स्वतन्त्र अस्तित्व स्थापित हो चुका था। 14वीं-15वीं सदी ई.पू. के आसपास अश्वशास्त्र पर हत्ती भाषा में एक रचना की गई जिसमें हिन्द-यूरोपीय शब्द भरे पड़े हैं। इसका लेखक घोड़े को सिखानेवाला एक मितान्नी था। इस रचना में घोड़े के प्रशिक्षण और रथविद्या का वर्णन है। घोड़े की कैसी चाल होगी, वह कब अस्तबल में लाया जाएगा, उसे क्या खिलाया जाएगा, इत्यादि विषयों को बतलाया गया है। इस रचना में बहुत से ऐसे शब्द हैं जो संस्कृत से निकट से मिलते हैं। इसमें रथ एक रास्ते कितनी बार चलता है उसके लिए ऐक (एक), *तेर* (त्रि), *पंज* (पंच), सत्त (सप्त) और न (नव) शब्दों का प्रयोग अंकों के लिए किया गया है। एक हुरी भाषा की रचना भी मिली है जिसमें घोड़ों के रंग का वर्णन किया गया है। ये शब्द हैं बब्रू (वभ्रु), *परित* (पलित) और *पिंकर* (पिङ्गल)।[1] इन शब्दों का अर्थ क्रमशः भूरा, धूसर और लाल होता है। *वभ्रु* और पलित से मिलते-जुलते शब्द अधिकांश भारोपीय भाषाओं में पाए जाते हैं।

छठी शताब्दी ई.पू. से जब ईरान ने भारत पर हमला किया, उसके अभिलेख में हिन्द-ईरानी शब्दों का मिलना प्रारम्भ हो जाता है और सदियों तक ऐसे अभिलेखों का ताँता बना रहता है। सचमुच बड़े आश्चर्य का विषय है कि भारत में तीसरी शताब्दी ई.पू. के पहले कोई अभिलेख नहीं मिला है जिसमें हिन्द-आर्य भाषा के शब्द मिलते हों।

फ्रीजिअन्स भी हिन्द-यूरोपीय भाषा बोलते थे और अनातोलिया अर्थात् तुर्की में उनके अभिलेख आठवीं से लेकर छठी शताब्दी ई.पू. तक मिले हैं।[2] उनकी सर्वप्रथम चर्चा असीरिया साम्राज्य के शत्रु के रूप में है। 12वीं सदी ई.पू. का असीरियाई प्रलेख बतलाता है कि मुस्की नामक कबीले ने बीस हजार लोगों को लेकर असीरिया पर आक्रमण किया। मुस्की की पहचान मध्य अनातोलिया में रहनेवाले फ्रीजिअन्स से की गई है।[3] ऐसे मुस्की शब्द **ऋग्वेद** में पाए गए *मुषक* शब्द से, जिसका अर्थ चूहा या मूस होता है, मिलता-जुलता है। मुषक शब्द ग्रीक, लैटिन्, लिथुआनियन और स्लाव भाषाओं में मिलते-जुलते रूप में मिलता है।[4] सम्भवतः चूहा मुस्की कबीले का टॉटेम था।

परन्तु अभिलेखों के आधार पर अभी तक यह निश्चित नहीं हो पाया है कि

1. मैलॉरी, उद्धृत पुस्तक, पृ. 37-38
2. वही, पृ. 30-33
3. जॉर्जेज राउक्स, पूर्वोकत, पृ. 258
4. देखिए 'मुषक', मोनिअर-विलियम्स, संस्कृत-इंगलिश डिक्शनरी

हिन्द-यूरोपीय भाषा-भाषी तुर्की से सीरिया होते हुए ईरान आए और वहीं से भारतवर्ष पहुँचे। हिन्द-ईरानी बोलनेवाले लोग 2000 ई.पू. के लगभग ईरान में आ गए लेकिन उनके आने का रास्ता उत्तर से कॉकसस पहाड़ होकर बतलाया जाता है, पश्चिम में स्थित तुर्की से सीरिया होते हुए नहीं। यह एक ऐसी समस्या है जिसका समुचित समाधान बाकी है। पर हिन्द-यूरोपीय भाषा-भाषियों के इतिहास में एक ऐसी अवस्था थी जिसमें भारतीय आर्य भाषा अर्थात् आद्य भारती के बोलनेवाले और ईरानी भाषा अर्थात् आद्य ईरानी के बोलनेवाले दोनों एक साथ रहते थे। हिन्द-यूरोपीय भाषा-भाषियों का यह पूर्वी समुदाय 2000-1400 ई.पू. में पश्चिमी एशिया में सक्रिय था।

सामान्यतः भाषाशास्त्री मानते हैं कि हिन्द-ईरानी भाषा में ईरानी और हिन्द-आर्य भाषाएँ दोनों मिली हैं। पर ब्रिटिश भाषाशास्त्री बरो हिन्द-ईरानी को केवल ईरान की भाषा मानते हैं। उनके अनुसार आद्य हिन्द-आर्य भाषा-भाषी पहले ईरान आए, और उनके आगमन के उपरान्त 1400 ई.पू. के आसपास या इससे पहले हिन्द-ईरानी आए, और वहाँ उन्होंने आद्य हिन्द-आर्य भाषा-भाषियों का स्थान लिया। आद्य हिन्द-आर्य भाषा-भाषी जिस अक्षर का उच्चारण स् करते थे, आद्य हिन्द-ईरानी भाषा-भाषी उसका उच्चारण ह् करते थे।[1] ईरान आने के पहले आद्य हिन्द-आर्यों और हिन्द-ईरानियों के बीच भाषा की दृष्टि से विभाजन हो चुका था। बरो यह नहीं बतलाते हैं कि यह विभाजन कहाँ, कब और कैसे हुआ, पर वे इस बात पर जोर देते हैं कि आद्य हिन्द-आर्य और हिन्द-ईरानी दोनों कैस्पियन सागर के पूर्वी क्षेत्र से निकलते हुए दक्षिणी मध्य एशिया होकर ईरान और अफगानिस्तान पहुँचे। उत्तरी ईरान से ही आद्य हिन्द-आर्य उत्तरी सीरिया में मितान्नियों के देश में गए और पूर्वी ईरान या अफगानिस्तान से ही वे भारतवर्ष आए।[2] यह निष्कर्ष भाषाशास्त्र के अध्ययन से निकाला गया है। पुरातत्त्व से पता चलता है कि 1800 ई.पू. के लगभग मध्य एशिया के दक्षिण भाग में नए जनसमुदायों के आगमन के कारण आद्य शहरी बस्तियों का अन्त हुआ। उत्तरी पूर्वी ईरान में इस प्रकार की बस्तियों का अन्त 1800-1400 ई.पू. के बीच हुआ। इस सारे क्षेत्र में नए आगन्तुक धूसर रंग के बरतन का इस्तेमाल करते थे, जो बरतन उनके आने के पहले से प्रचलित था।[3] हाँ, घोड़े का प्रयोग नया था, और यही बात अन्द्रोनॉवो संस्कृति के साथ भी लागू है जिसे हिन्द-ईरानी बतलाया गया है।

1. टी. बरो, 'द प्रोटो-इंडोएरयिन', पूर्वोक्त, पृ. 123-140
2. वही
3. जे.पी. मैलॉरी, पूर्वोक्त, पृ. 40, 451

आद्य हिन्द-आर्य अथवा हिन्द-ईरानी किस रास्ते से उत्तरी सीरिया, इराक अथवा ईरान आए, इसके विषय में मतभेद है। कुछ लोगों का मत है कि उन्होंने ऑक्सस नदी पार करके अफगानिस्तान में प्रवेश किया जहाँ प्राचीनतम हिन्द-ईरानी सभ्यता का उदय और विकास हुआ। वहाँ से ये पश्चिमी ईरान की ओर गए और फिर उन्होंने उत्तरी सीरिया में प्रवेश किया और मितान्नियों का शासन कायम किया। ईरान से ही जाग्रोस पहाड़ पार कर उन्होंने बेबीलोनिया अथवा इराक में प्रवेश किया। दूसरे लोगों का खयाल है कि कैस्पियन सागर के दक्षिण पूर्व क्षेत्र से चलकर कॉकसस को पार कर उन्होंने बेबीलोनिया अथवा इराक पर अपना आधिपत्य जमाया, जहाँ कैस्साइट अथवा कस्सी शासक के रूप में उन्होंने लगभग 400 वर्षों से अधिक शासन किया। यहीं से वे आगे बढ़ते गए और ईरान पहुँचे। तीसरे मत के अनुसार वे अनातोलिया से चलकर ईरान आए और भारत तक पहुँचे। आद्य हिन्द-आर्यों अथवा हिन्द-ईरानियों के ईरान या भारतवर्ष पहुँचने के रास्ते को लेकर मतभेद जारी है, पर अभिलेखीय प्रमाण से यह स्पष्ट है कि आद्य भारोपीय भाषा-भाषी भारत में नहीं रहते थे, और इसलिए यहाँ से निकलकर उनका ईरान, इराक, सीरिया जाने का प्रश्न नहीं उठता है।

6
वैदिक कर्मकांड के स्रोत

उत्तर वैदिक साहित्य में कर्मकांड उभड़कर आता है। ऐसे तो यह अनेक विधि-विधान और अनुष्ठानों से भरा है, पर पाँच वैदिक अनुष्ठानों का सम्बन्ध हिन्द-यूरोपीय अथवा आर्यों के साथ जोड़ा जा सकता है। ये हैं—पशुबलि अश्वमेध, अग्निवेदि, सोम-याग और मृतक का दाह-संस्कार।

1. पशुबलि

पशुबलि की प्रथा प्राचीन भारत के अतिरिक्त ईरान और रोम में पाई जाती है। अन्य प्राचीन हिन्द-यूरोपीय समुदायों में इसके मिलने का संकेत है।[1] इसके लिए भाषायी साक्ष्य दिए गए हैं।[2] वैदिक साहित्य और **ज़ेन्द अवेस्ता** में गाय-गोरू की बलि करीब-करीब आम तौर पर प्रचलित थी।[3] होमर की रचनाओं में भी पशुबलि मिलती है, पर भेड़ की बलि अधिक प्रचलित थी।[4]

पशुबलि आरम्भ होने के कई कारण हो सकते हैं। परन्तु इसका वास्तविक आरम्भ उसी समय हुआ जब मनुष्य ने जंगली जानवरों का शिकार कर अपना पेट पालना शुरू किया। पशुपालकों ने जब तक दूध, दही इत्यादि का प्रयोग नहीं जाना अथवा खेती और गाड़ी चलाने में पशुओं को लगाना नहीं सीखा तब तक वे पालतू पशुओं को मारकर खाते रहे। जनजातियाँ अपने विश्वास के कारण भी दूध नहीं पीती हैं। कुछ जनजातियाँ जानवर का खून पीती हैं पर दूध नहीं पीती हैं। मध्य भारत और दक्कन में रहनेवाले कुछ गोंडों की एक उपजाति का विश्वास है कि दूध केवल जानवर के बछड़े के लिए है, और किसी के लिए नहीं। इस तरह

1. जे.पी. मैलॉरी, पूर्वोक्त, पृ. 135-38
2. बनवेनिस्त, *इंडो-यूरोपियन लेंग्वेज एंड सोसाइटी,* लंदन, 1973 पृ. 482, 484, 486
3. ब्रूसलिंकन, *प्रिस्टस, वारियरस एंड कैट्‌ल,* 1981, पृ. 65-66
4. *दि इलियड,* खंड 23, पृ. 416; तुलना कीजिए *दि ओडिसी,* खंड 11, पृ. 172

का विश्वास भारत की अनेक जनजातियों में पाया जाता है, विशेषतः उत्तर-पूर्व की जनजातियों में। अतएव मांस खानेवाले लोग अपने देवता को मांस चढ़ाते थे और बदले में उनसे पशुधन माँगते थे जिससे मांसभक्षकों के खाने और चढ़ाने का सिलसिला जारी रहे।[1] यह भी सोचने का विषय है कि केवल दूध से पेट नहीं भरता है, पर मांस से भरता है।

लिंकन के अनुसार पूर्वी अफ्रीका के पशुचारी समाज और हिन्द-यूरोपीय पशुचारी समाज के धार्मिक कृत्यों में काफी साम्य है। इस प्रकार भारत के प्राक्वैदिक पशुचारी समाज के कुछ लक्षण वैदिक पशुचारी जीवन में मिल सकते हैं; पर वैदिक पशुबलि (पशुबध) प्रथा की कुछ ऐसी विशेषताएँ हैं जो वैदिक युग के बहुत पहले पूर्वी यूरोप की स्टेप्स् में पाई जाती हैं। पुरातत्त्व बतलाता है कि दक्षिणी रूस और यूक्रेन की स्रेदनी स्टॉग संस्कृति में, जिसका समय 4500 ई.पू.-3500 ई.पू. आँका गया है, यह प्रथा मिलती है। यहाँ देरेविका नामक स्थान में घोड़े का सिर, उसके बाएँ पाँव की हड्डियाँ, दो कुत्ते के अवशेष और जंगली सुअर जैसी एक आकृति मिली है जिनसे धार्मिक कृत्य का बोध होता है।[2] नीपर नदी के निचले भाग में एक स्थान पर गाय-गोरू के अलावा घोड़े के अवशेष मिले हैं। इसमें गोल आकार का कुरगान (छोटे टीलेवाला कब्र) मिला है जिसमें जानवरों की हड्डियाँ, बरतन के टुकड़े और गेरुआ रंग पाए गए हैं।[3] इन अवशेषों का समय 4000-3500 ई.पू. रखा गया है। बाद में कुरगान बहुत बड़े क्षेत्र में कालासागर और कैस्पियन सागर से सटे उत्तरी क्षेत्र में फैल गए। इनमें (3600-2200 ई.पू.) घोड़ा, गोरू, भेड़ और कुत्ता आदि की हड्डियाँ भोजन के चढ़ावे के रूप में मिली हैं, और इन्हें धार्मिक कृत्य माना गया है। विशेषतः भेड़ का सिर और खुर चढ़ाने की प्रथा थी।[4] कैस्पियन सागर से सटे प्राचीन ईरान में पशुबलि प्रथा का प्रचलन **ज़ेन्द अवेस्ता** से सिद्ध होता है। इस ग्रन्थ में 100 घोड़े, 1000 बैल और 10,000 भेड़ अथवा बकरों की बलि की बहुधा चर्चा की गई है।[5] इसमें मनौतियाँ की जाती हैं कि 1000 घोड़ों, 1000 ऊँट, 1000 बैलों और 1000 सभी प्रकार के बछड़ों की बलि दी जाएगी।[6]

1. ब्रूस लिंकन, उद्धृत, अध्याय 4
2. जे.पी. मैलॉरी, पूर्वोक्त, पृ. 198
3. वही, पृ. 203-204
4. वही, पृ. 214-215
5. सेकरेड बुक्स् ऑव दि ईस्ट जिल्द 23, पृ. 62-63, 79
6. वही, जिल्द 4, पृ. 232-33

उल्लेखनीय है कि वैदिक साहित्य में गोरू, घोड़ा, भेड़ और कुत्ते मारने की भी प्रथा की चर्चा है। अकेले *शतपथ ब्राह्मण* में ये सारे उदाहरण मिलते हैं। उसी ग्रन्थ का यह भी विधान है कि नपुंसक पुरुष के अतिरिक्त गौर (एक प्रकार की भैंस), आरण्य (जंगली जानवर), उष्ट्र (ऊँट) और शरभ (हाथी) बलि के लिए उपयुक्त नहीं हैं।[1] जाहिर है कि भैंस और हाथी से यूरेशिया में रहनेवालों का सम्पर्क नहीं था। इसलिए दक्षिणी रूस और दक्षिणी यूक्रेन की कब्रों में इनकी हड्डियाँ नहीं मिलती हैं। भारतीय उपमहादेश में वैदिकोत्तर काल में भैंस की बलि होने लगी पर प्रारम्भ में इसका विधान नहीं है। स्पष्ट है कि वैदिक काल की पशुबलि दक्षिणी रूस और दक्षिणी यूक्रेन में पाँचवीं और चौथी सहस्राब्दियों ई.पू. में प्रचलित पशुबलि की याद दिलाती है।

लोथल के उत्खनक एस.आर.राव उत्साहपूर्वक यह सिद्ध करना चाहते हैं कि पशुबलि लोथल में प्रचलित थी। पशुबलि जतलानेवाला कोई साक्ष्य नहीं मिला है, यद्यपि एक गोजातीय (bovine) जानवर के खोपड़े के कुछ जले टुकड़े मिले हैं।[2] इससे मांसभक्षण का पता चलता है, पर बलि में दिए गए पशु पाए जाने का कोई प्रमाण नहीं है।

2. *अश्वमेध*

गैर-हिन्द-यूरोपियों ने भी घोड़े का इस्तेमाल अपनाया पर उनके बीच शायद ही कोई ऐसा समुदाय हो जो अश्वमेध जैसा अनुष्ठान करता हो। वैदिक काल में अश्वमेध यज्ञ राजा या बड़ा सरदार अपने प्रभुत्व प्रदर्शन के लिए करता था। योद्धाओं के साथ यज्ञ का घोड़ा जहाँ तक बेरोकटोक जाकर लौट आता था वहाँ तक की भूमि पर यजमान का प्रभुत्व माना जाता था। लौटने पर यज्ञ के घोड़े की बलि चढ़ाई जाती थी और उसका अंगच्छेद किया जाता था। उसके साथ रानी को लेटना पड़ता था और सम्भोग का स्वाँग रचना पड़ता था।[3] उल्लेखनीय है कि रोम के हिन्द-यूरोपीय समुदाय में भी अक्टूबर के महीने में घोड़े का बलिदान होता था। रोम में इस अनुष्ठान का नाम *अक्टोवर इक्वस* था। इसमें घुड़दौड़ के बाद टीम के दक्षिणवाले घोड़े को बर्छे से मारकर टुकड़े-टुकड़े कर दिया जाता था।[4]

1. *सेकरेड बुक्स् ऑव* दि ईस्ट, जिल्द 44, *शतपथ ब्राह्मण,* भाग 5, पृ. 517
2. *लोथल,* 1979, पृ. 218
3. शत. ब्रा. 13 कां. 1-5 अध्याय
4. जे.पी. मैलॉरी, पूर्वोक्त, पृ. 136

मध्यकालीन आयरलैंड में अल्स्टर के एक जनजातीय राजा के राज्याभिषेक में घोड़ी की बलि देने और उसे टुकड़े-टुकड़े करने का उदाहारण है।[1]

वैदिक साहित्य के प्रसिद्ध फ्रांसीसी विद्वान लूई रनू का विचार है कि अश्वमेध हिन्द-यूरोपीय अनुष्ठान था।[2] इतना तो स्पष्ट है कि भारत में प्राक्-वैदिक काल में घोड़े की बलि का कोई उदाहरण नहीं है। 4500-3500 ई.पू. के समय के जो उदाहरण दक्षिणी रूस और दक्षिणी यूक्रेन में मिलते हैं उनमें घोड़े के साथ गाय-गोरू, भेड़ और कुत्ते की भी बलि दी गई है। फिर यह बलि मृतकों के वास्ते दी जाती थी,[3] यद्यपि कई कब्रों में घोड़े के बलिदान का महत्त्व अधिक दिखाई पड़ता है। नवपाषाण युग के उत्तरी चरण में जब ताम्बे और काँसे का प्रयोग आरम्भ हो गया था, कालासागर और कैस्पियन सागर के उत्तरी क्षेत्र की कब्रों में जहाँ-तहाँ घोड़े के छोटे चप्पू और अगले पाँव मिले हैं जो या तो अकेले हैं या जो गाय-गोरू या भेड़ में से किसी एक जानवर के अवशेष सहित पाए जाते हैं।[4] समृद्ध कब्रों के ऊपर सेझी (Sezhee) नामक स्थान में, जो मध्य वोल्गा के जंगली स्टेप में अवस्थित है, एक अनुष्ठान क्षेत्र मिला है जिसमें दो घोड़े के छोटे चप्पू और पाँव पाए गए हैं।[5] 16सदी ई.पू. में दक्षिणी यूराल में अवस्थित सीनतस्ता की एक ही कब्र में सात घोड़ों की बलि दी गई है।[6] पर पुरातात्त्विक उदाहरणों से लोगों के जीवनकाल में घोड़े की बलि का प्रमाण नहीं मिलता है। यह कहा जा सकता है कि जो प्रथा जीवनकाल में प्रचलित थी वह मृत्यु के उपरान्त अनुष्ठान के रूप में अपनाई जाती थी। इसमें सन्देह नहीं कि उस क्षेत्र में घोड़े की बलि अन्य पशुओं के साथ दी जाती थी अथवा अलग से स्वतन्त्र रूप में भी प्रचलित थी। यह क्षेत्र कालासागर और कैस्पियन सागर के बीच पड़ता था और कई कारणों से इसे आर्यों का मूल वासस्थान माना जाता है। अतएव ऐसा लगता है कि आगे चलकर वैदिक काल में इसी प्रथा ने अश्वमेध का रूप धारण किया जिसका विशद वर्णन उत्तर वैदिक साहित्य में मिलता है। फिर इसी प्रथा ने रोम में *अक्टोवर इक्वस* का रूप अपनाया जिसमें घोड़े को दौड़ने के बाद उसकी बलि होती थी।

---

1. जे.पी. मैलॉरी, पूर्वोक्त, पृ. 136
2. लूई रनू, *वैदिक इंडिया,* 1971, पृ. 109, 136
3. जे.पी. मैलॉरी, पूर्वोक्त, पृ. 220
4. वही
5. वही, पृ. 221
6. वही, पृ. 228

3. अग्निवेदि

आर्यों अथवा वैदिक जनों की पहचान अग्निवेदि के प्रचलन से की जाती है। यद्यपि **ऋग्वेद** में अग्नि प्रमुख देवताओं में आता है, पर वैदिक काल में आग जलाकर स्वतन्त्र रूप से उसकी पूजा वैसी नहीं होती थी जैसी ईरान में होती थी। लैटिन, स्लाव और लिथुआनियन भाषाओं में अग्नि के सजात शब्द मिलते हैं,[1] पर यह पता नहीं है कि प्राचीन काल में इन भाषा-भाषियों में अग्नि पूजा होती थी। वैदिक काल में अग्नि का हवन इसलिए होता था कि आहुति के सामान अग्नि के द्वारा देवताओं तक पहुँचें। **ऋग्वेद** में इसकी स्पष्ट चर्चा नहीं है पर उत्तरवैदिक साहित्य में इसका विस्तृत विधान है। अग्निवेदि में अग्नि की पूजा होती थी। साथ ही देवताओं के लिए वेदि भोजन पकाने का काम करती थी। अग्निवेदि की प्रथा वैदिक जनों में कहाँ से आई, हड़प्पाई संस्कृति से या उपमहादेश के बाहर से ? उल्लेखनीय है कि हड़प्पा और मोहेनजोदड़ों में अग्निवेदियाँ नहीं मिली हैं। बलूचिस्तान स्थित अमरी में 'अग्निवेदि' की चर्चा है,[2] पर क्या यह सचमुच अग्निवेदि है यह निश्चित होना बाकी है। इसके समय का भी पक्का पता नहीं है।

लोथल में पाए गए कई गोलों और आयताकार ढाँचों को उत्खनक एस.आर. राव अग्निवेदि बतलाते हैं[3] पर लोग इन्हें चूल्हा नहीं समझ बैठें इसलिए वे कहते हैं कि इनका आकार बड़ा है और इनमें जलावन डालने का कोई रास्ता नहीं है।[4] उल्लेखनीय है कि केवल दो ढाँचे 70 वर्गफीट के लगभग हैं, बाकी सब बहुत छोटे हैं। आम तौर पर गोलगर्त वाले ढाँचे की परिधि एक फुट छह इंच है और आयताकार ढाँचे की डेढ़ वर्गफीट है।[5] राव की पुस्तक में वेदियों के जो तीन चित्र प्रस्तुत किए गए हैं,[6] उनमें तीनों अग्निवेदियाँ दीवार से सटी हैं। पर दीवार के बगल में वेदियाँ बनाने का न तो विधान है और न रिवाज है। फिर गार्हपत्य और आह्वनीय के बीच आठ *प्रक्रम* का फासला रखने का नियम है[7] जो लगभग 15 फीट के बराबर होता है।[8] इस दृष्टि से लोथल के अधिकांश ढाँचे अग्निवेदि नहीं

1. देखिए 'अग्नि,' मोनिअर-विलियम्स, *संस्कृत-इंगलिश डिक्शनरी*
2. एच.डी. साँकलिया, *दि प्रिहिस्ट्री एंड प्रोटोहिस्ट्री ऑव इंडिया,* 1974., पृ.35
3. *लोथल,* 1979, पृ. 216-17
4. वही, पृ. 96-98, 120-21, 216-17
5. वही, पृ. 216
6. एस.आर.राव. *लोथल,* 1979, पृ. 96-97, फिगर 15
7. पी.बी. काणे,*एच.डी.एस.* जिल्द 2, भाग 2, पृ. 989
8. एक प्रक्रम दो या तीन पद के बराबर होता है और एक पद में 12 अथवा 15 अंगुल होते हैं। काणे, *एच.डी.एस.* जिल्द 2, भाग 2, पृ. 989, पा.टि. 2239

हैं। सम्भवतः वे चूल्हे का काम करते थे, जलावन तो बरतन के बगल से या ऊपर से डाला जा सकता है। हाँ, बड़े आकारवाले ढाँचे का क्या उद्देश्य था इस पर विचार करना है।[1] सम्भव है कि सर्दी से बचने के लिए यह अलाव का काम करता था।

कालीबंगा में पाए गए सात ढाँचों को अग्निवेदि या *फायर-ऑल्टर* इसलिए कहा गया है कि क्योंकि उनके वर्णन के लिए और कोई अधिक 'उपयुक्त शब्द' नहीं मिलता है।[2] इन गर्तवाली वेदियों के कैसे आकार थे, यह स्पष्ट नहीं है। ध्यातव्य है कि ये सारी वेदियाँ पक्की ईंट की दीवार के बगल में हैं।[3] जैसा लोथल के सम्बन्ध में हमने बतलाया है, *अग्न्याधान* विषयक कर्मकांड में न तो दीवार बनाने का विधान है और न दीवार के बगल में वेदियाँ बनाने की प्रथा पाई जाती है। अतएव इन ढाँचों को अग्निवेदि कहना ठीक नहीं है। ऐसे उत्खनक बी.बी. लाल भी निश्चित रूप से ऐसा मत प्रगट नहीं करते हैं। यदि इन्हें अग्निवेदि मान भी लिया जाए तो ऐसा लगता है कि कालीबंगा के वास के अन्त में ये ढाँचे बने थे।[4] वहाँ की वेदियों को हड़प्पाई वास के अन्तिम दिनों का बतलाया गया है क्योंकि वे अत्यन्त साधारण हैं।[5] यह भी कहा जाता है कि कालीबंगा में वेदियों का प्रचलन आर्यों के साथ सम्पर्क के कारण हुआ।[6] जो भी हो, लोथल और कालीबंगा में पाई गई 'अग्निवेदियों' को सन्देह की दृष्टि से देखा जाता है।[7] इनके आधार पर यह नहीं कहा जा सकता है कि हड़प्पाई संस्कृति में अग्निवेदियों का प्रचलन था।

वैदिक सभ्यता के कुछ तत्त्व भारतीय उपमहादेश के बाहर अवश्य मिलते हैं, पर बाहर में अग्निवेदियाँ उस रूप में नहीं मिलती हैं जिस रूप में उत्तरवैदिक साहित्य में उनके बनाने का विधान है। यूक्रेन की कब्रों (4000-3500 ई.पू.) में,

---

1. यह भी ध्यान रहे कि अधिकांश ढाँचों का समय 1500 ई.पू. के आस-पास पड़ता है जब वैदिक जनों से हड़प्पाइयों का अच्छा सम्पर्क हो गया था। उत्खनक के अनुसार अग्निपूजा का प्राचीनतम साक्ष्य लोथल के चरण 12-ए में मिलता है *(लोथल,* 1979, पृ. 217) जिसकी कार्बन 14 तिथि 1555 $\pm$ 135 ई.पू. आँकी गई है।
2. बी.बी. लाल और एस.पी. गुप्त द्वारा सं. *फ्रॉन्टियरस् ऑव इंडियन सिविलाइजेशन,* नई दिल्ली, 1994, पृ. 57।
3. वही
4. कालीबंगा में हड़प्पाई संस्कृति का समय 1830 $\pm$ 145 ई.पू. और 1665 $\pm$ 110 ई.पू. के बीच पड़ता है। ये तिथियाँ कैलिब्रेटडे (caliberated) नहीं हैं। डी.पी. अग्रवाल, *दि आर्कयोलॉजि ऑव इंडिया,* 1984, पृ. 273-74
5. डी.पी. अग्रवाल और ए. घोष द्वारा सम्पादित *रेडियोकार्बन एंड इंडियन आर्कयोलॉजि,* 1973, पृ. 273 पर बी.के. थापर का मत। पुरातत्त्वविद् सूरजभान का भी यही मत है।
6. ब्रिजेट एंड रेमंड ऑलचिन, *दि राइज ऑव सिविलाइजेशन इन इंडिया एंड पाकिस्तान,* 1983, पृ. 303
7. *ए.इ.आ.,* जिल्द 1, 188

जो कुरगान (अथवा छोटा टीला) कहलाती हैं, 'अग्निवेदियाँ' (हर्थ) मिली हैं। कुरगान के ऊपर, परिसर में या कब्र के गर्त में 'हर्थ' मिले हैं।[1] दक्षिणी ताजिकिस्तान के तुलखर टेपे में दूसरी सहस्राब्दि ई.पू. के मध्य के दो 'हर्थ' मिले हैं। स्त्रियों के शवाधान में गोल चूल्हे मिले हैं, उन्हें *गार्हपत्य* बतलाया गया है और पुरुषों के साथ पाए गए आयताकार चूल्हे को *आहवनीय*।[2] **शतपथ ब्राह्मण** में अग्निवेदि बनाने में अग्निवेदि बनानेवाले के श्मशान को गार्हपत्य के जैसा आयताकार बनानेवाले का विधान है,[3] पर श्मशान में अग्निवेदि बनाने का प्रावधान नहीं है। इन वेदियों को यजमान अपने जीवनकाल में बनाते थे। कब्र में पाए गए अग्नि-स्थान आनुष्ठानिक अवश्य हैं और इस दृष्टि से उनकी तुलना सिद्धान्ततः वैदिक अग्निवेदि से की जा सकती है। इस प्रकार के अग्नि-स्थान या तो सर्दियों में अँगीठी का काम करने के लिए अथवा भोजन पकाने के उद्देश्य से कब्रों में बनाए जाते थे। कब्रों में समुचित रूप से जीवनयापन का प्रबन्ध मिस्र के पिरामिड में बहुत बड़े पैमाने पर मिलता है। खाने-पीने, सोने, शिकार करने के प्रबन्ध के अतिरिक्त वहाँ की कब्रों में शौचालय भी मिलते हैं, पर वहाँ भी चूल्हे अथवा अँगीठी की व्यवस्था नहीं है। यूरेशिया के घोड़े इस्तेमाल करनेवाले लोगों की कब्रों में ही अग्नि-स्थान मिलते हैं।

यूक्रेन के कुरगान में या दक्षिणी ताजिकिस्तान की कब्रों में पाए गए आनुष्ठानिक चूल्हों/अँगीठियों की तुलना भारतीय अग्निवेदियों से करने में कठिनाई है। पर ईरान के पड़ोस में अवस्थित तुर्कमेनिया में कुछ ऐसे आग रखनेवाले ढाँचे मिले हैं, जिनका सम्बन्ध कब्रों से नहीं है। मर्व के तोगलोक-21 नामक स्थान में पाए गए मन्दिर में अग्नि-पूजा के स्पष्ट संकेत मिलते हैं और यहाँ की अग्निवेदियों का समय 1800 ई.पू. के आसपास रखा गया है।[4] तोगलोक-21 के अग्निपूजा मन्दिर के परिसर में एक जमीन के टुकड़े पर ईंट से बिछी जमीन में खोदकर दो अग्निवेदियाँ बनाई गई हैं, एक बड़ी है और दूसरी छोटी। छोटी वेदि अग्निदेव को अर्पित है और दूसरी आहुतियाँ चढ़ाने के लिए है। दोनों सीटेडेल के केन्द्रीय भाग के बाहर हैं।[5]

तुर्कमेनिया के अतिरिक्त मध्य एशिया के फरगना में लौह युग के आरम्भ

1. जे.पी. मैलॉरी, पूर्वोक्त, पृ. 214
2. वही, पृ. 53, प्राचीन काल में गोल या आयताकार चूल्हे व्यापक रूप से प्रचलित थे।
3. शत. बा. 13.8.1.5
4. एस्को परपोला, पूर्वोक्त, पृ. 152
5. वही, पृ. 146-47

काल (1200 ई.पू.) की वेदियाँ (फायर प्लेसेज) मिलती हैं। प्राचीन सोगडियाना में भी गर्त के साथ वर्गाकार और गोल आकार के अग्निस्थान मिले हैं।[1]

भारतीय उपमहादेश में 1500 ई.पू. के बाद और कुछ पहले भी अग्निवेदियाँ मिलने की खबर है। 1800-1100 ई.पू. के बीच के समय में सिन्ध के काची मैदान में भी अग्निस्थान मिले हैं। वे वर्गाकार हैं और उनमें रखी आग पर पकानेवाले बरतन को मिट्टी के ठीकरे के सहारे रखा जाता था जिसे अंग्रेजी में *फायरडॉग* कहते हैं। उस तरह की 'अग्निवेदियाँ' और सीधे आग पर बरतन रखकर पकाने की प्रथा काची मैदान के लिए नई चीज मालूम पड़ती है। ठीक इसी प्रकार के मिट्टी के बने सहारा देनेवाले ठीकरे मध्य एशिया में फरगना में लौह युग के प्रारम्भवाले स्थलों में 'अग्निवेदियों' के आस-पास पाए गए हैं।[2] इस प्रकार पंजाब और हरियाणा के अतिरिक्त बलूचिस्तान में भी 1000 ई.पू. के लगभग या पहले भी अग्निशालाएँ पाई जाती हैं, और जैसा पहले भी बतलाया जा चुका है, तुर्कमेनिया और दक्षिण मध्य एशिया के दूसरे भाग में भी ये मिलती हैं।

अतरंजीखेड़ा में चित्रित धूसर भांड की परत के पहले काले और लाल भांडवाली परत में तीन घरेलू चूल्हे मिले हैं। उनमें एक यज्ञवेदि जैसा गर्त मालूम पड़ता है। उत्खनक ने इसका समय 1450-1200 ई.पू. के बीच रखा है,[3] पर यह 1000 ई.पू. के लगभग का हो सकता है।[4] हो सकता है कि वैदिक जनों के सम्पर्क के कारण यह अग्निवेदि बनी हो क्योंकि सटे हुए बादवाले स्तर में चित्रित धूसर मृद्भांडवाली संस्कृति आरम्भ हो जाती है, जो उत्तर-वैदिक काल की संस्कृति है।

अधिक महत्त्व का विषय यह है कि जालन्धर जिले के नागर और लुधियाना जिले के दधेरी नामक स्थान में, जहाँ पछेती हड़प्पाई संस्कृति और चित्रित धूसर भांडवाली संस्कृति साथ-साथ चलती हैं, अग्निवेदि के समान गड्ढे मिले हैं। इनका समय 1600-1000 ई.पू. रखा गया है।[5] नागर में गोल आकार के पक्की मिट्टी के दो गोल ढाँचे हैं जिन्हें 'सम्भवतः' धार्मिक बतलाया गया है।[6]

दधेरी में भी इसी प्रकार के तीन गोल ढाँचे मिले हैं जिन्हें 'सम्भवतः' धार्मिक बतलाया गया है।[7] बहुत बाद 300 ई.पू. के आसपास मथुरा में और 200 ई.पू.

1. एस्को परपोला, पूर्वोक्त, पृ. 151-52
2. वही, पृ. 151
3. *ए.इ.आ.* जिल्द 2, पृ. 26
4. विभा त्रिपाठी, 'अर्ली हिस्टॉरिक आर्कयोलॉजि एंड रेडियोकार्बन डेटिंग,' *इंडियन हिस्टोरिकल रिव्यू,* जिल्द 14, सं. 1-2, 1987, पृ. 27
5. *ए.इ.आ.,* जिल्द 1, पृ. 91
6. वही, जिल्द 2, पृ. 298
7. वही, जिल्द 2, पृ. 110

के आसपास कौशाम्बी में इस प्रकार की वेदियाँ मिलने लगती हैं। परन्तु 1000 ई.पू. पहले जो वेदियाँ राजस्थान, पंजाब, पश्चिमी उत्तरप्रदेश और उपमहादेश के बाहर मिली हैं उनसे पता चलता है कि नए आगन्तुकों के कारण दूसरी सहस्राब्दि ई.पू. में अग्निवेदि स्थापित करने की प्रथा धीरे-धीरे फैल रही थी।

4. सोम याग

वैदिक कर्मकांड में सोम याग का बहुत बड़ा महत्त्व है। सोमपान करके इन्द्र अनूठे करतूत करते थे। सोम को **ज़ेन्द अवेस्ता** में होम कहते हैं क्योंकि ईरानी भाषा में 'स्' 'ह्' में बदल जाता है। अतएव सोमपान की प्रथा का वर्णन वैदिक और अवेस्ताई साहित्य दोनों में मिलता है।

हाल की पुरातात्त्विक खोज के आधार पर यह कहा जा रहा है कि तुर्कमेनिया में, जो ईरान के सांस्कृतिक क्षेत्र में पड़ता था, सोम पूजा का प्राचीनतम प्रमाण मिला है। वहाँ मरगीयाना नामक क्षेत्र में तोगलोक-21 स्थल पर दीवारों के किनारे घड़ों/बरतनों की एक कतार ईंट के विशेष चबूतरे के अन्दर मिली है। सम्भवतः तोगलोक-21 के मन्दिर के परिसर में सोम तैयार किया जाता था। पुरोहित इन घड़ों (बरतनों) में सोम ढारकर वेदि के पास ले जाते थे जहाँ आहुतियाँ (libations) दी जाती थीं।[1] घड़ों से इफेड्रा (Ephedra) नामक पौधे की छोटी टहनियाँ मिली हैं जिसकी पहचान हैरी फॉक नामक विद्वान ने सोम से की है।[2] इन खोजों का समय मध्य एशिया की प्राक्-अन्द्रोनॉबो और ईरान की पछेती नमजगा-5 संस्कृतियों के मेल के काल में निश्चित किया गया है।[3] इसलिए ईरानी संस्कृति में सोम पूजा का समय 1800 ई.पू. के लगभग बनेगा। ऐसा लगता है कि स्टेप्स् के पशुपालकों ने तोगलोक संस्कृति के प्रभाव में आकर सोमपान की प्रथा अपनाई।

ज़ेन्द अवेस्ता में सोम होम के रूप में वर्तमान है यह तो स्पष्ट है, पर पश्चिम के हिन्द-यूरोपीय समुदायों में सोमपान की प्रथा नहीं थी। इस प्रथा का आरम्भ सम्भवतः प्राक्-ईरानी संस्कृति में हुआ जहाँ से यह भारत में वैदिक काल में प्रचलित हुई।

---

1. एस्को परपोला, पूर्वोक्त, पृ. 146-47
2. वही, पृ. 146
3. वही

5. दाहकर्म

हिन्द-यूरोपीय भाषा-भाषियों के अनेक जनसमुदायों में, जो यूरोप एवं एशिया में पाए जाते हैं, दाहकर्म की प्रथा मिलती है। कहा जाता है कि पशुचारी लोग मुर्दों को जमीन में नहीं गाड़ते थे क्योंकि उनकी अर्थव्यवस्था में जमीन का महत्त्व अधिक नहीं था।[1] यह भी दलील दी गई है कि धातुकर्म की प्रगति से पता चला कि आग के प्रयोग के कारण धातुओं से तरह-तरह की वस्तुएँ बन सकती हैं। अतएव आग से मानव शरीर को इस उम्मीद में जलाया जाने लगा कि मुर्दे में जीवन का संचार हो जाएगा।[2] पहले यह समझा जाता था कि धातुकर्म का विकास चौथी सहस्राब्दि ई.पू. में कॉकसस क्षेत्र में हुआ। पर अब उत्तरी आल्प्स् क्षेत्र में ताम्बे की बनी एक कुल्हाड़ी मिली है जिसका समय पाँचवीं सहस्राब्दि ई.पू. निर्धारित हुआ है। ध्यान रहे कि इस सहस्राब्दि में यूरोप के कई देशों में दाहकर्म के उदाहरण मिलते हैं। यह भी कहा जाता है कि प्राचीन काल के लोगों के मन में यह डर बना रहता था कि मुर्दे भूत बनकर लौट आएँगे। इस डर को हमेशा के लिए दूर करने के लिए मुर्दे को जलाने की प्रथा चली।

दाहकर्म के प्रचलित होने के चाहे जो भी कारण रहे हों, इसमें सन्देह नहीं कि वैदिक जन मुर्दे को गाड़ते भी थे और जलाते भी थे। यद्यपि जलाने की प्रथा और भी हिन्द-यूरोपीय जनसमुदायों में प्रचलित थी, पर यह वैदिक भारतीयों में अधिक थी। हड़प्पाई अथवा प्राक्वैदिक लोग सामान्यतया मुर्दे को गाड़ते थे। *सिमेटरी एच* को, जिसका समय 2000-1400 ई.पू. रखा जाता है,[3] देखने से पता चलता है कि प्रौढ़ हड़प्पाई काल का अन्त होते-होते जहाँ-तहाँ नवागन्तुकों से सम्पर्क होने के कारण समूचे मुर्दे को गाड़ने के बदले लोग इसके कुछ हिस्से को गाड़ने लगे। मुर्दा गाड़ने के पहले शव के काफी भाग को हटा दिया जाता था। हाल में (1986-93) अमरीकी पुरातत्त्वविदों ने हड़प्पा में क्षैतिज उत्खनन किया है, पर दाहकर्म का कोई साक्ष्य नहीं मिला है।[4] जैसा कि बतलाया जा चुका है, **ऋग्वेद** में मुर्दे को गाड़ने और जलाने दोनों की चर्चा है। प्रसिद्ध वैदिक विद्वान लूई रनू

---

1. एल.जे. हैन्सन, 'डेथ, एंड दि इंडो-यूरोपियंस : *सम ट्रेडिशंस, जर्नल ऑव इंडो-यूरोपियन स्टडीज़* जिल्द 8. सं. 1-2, 1980, पृ.1-39
2. इस उद्धृत विचार के लिए देखिए जी, स्टासूल, 'क्रीमेशन ग्रेव्स् इन नार्थ-वेस्ट पाकिस्तान एंड देयर यूरेसियन कनेक्शंस् : रिमार्क्स एंड हाइपोथीसिस,' *ईस्ट एंड वेस्ट,* आई.एम.एस.इ. ओ; रोम, एन.एस. जिल्द 21, सं. 1-2, 1971, पृ. 10
3. एस्को परपोला, पूर्वोक्त, पृ. 130
4. इंस्टीच्यूट ऑव आर्कियोलॉजी, नई दिल्ली, में 27 अप्रैल 1994 को रिचर्ड मिडोज़ द्वारा दिए गए भाषण से मिली सूचना

के अनुसार यह बतलाना कठिन है कि दाहकर्म, जली हड्डियों को कलश में रखकर गाड़ना और अशौच आदि श्राद्ध सम्बन्धी कृत्य किस अंश तक हिन्द-यूरोपीय हैं।[1]

यद्यपि **अवेस्ता** दाहकर्म मना करता है तथापि जर्मन प्राच्यविद् गाइगर का मत है कि दरव्मा, जहाँ पारसी लोग मुर्दे को रखते हैं, प्रारम्भ में मुर्दे को जलाने का श्मशान था।[2] मिल्स का सुझाव है कि **अवेस्ता** के गाथा काल में गाड़ने और जलाने की दोनों प्रथाएँ चलती होंगी और वह बतलाता है कि जो लोग प्रारम्भिक मज़दा देवता की पूजा करते थे वे मुर्दा जलाने से परहेज नहीं रखते थे।[3] यह भी ध्यान रहे कि होमर के महाकाव्य **इलियड** में (8वीं सदी ई.पू.) हेक्टर नामक नायक की दाहकर्म अन्त्येष्टि का विशद् वर्णन है।

यूरोप, मध्य एशिया और पश्चिमी एशिया में दाहकर्म के सबसे प्राचीन उदाहरण मिलते हैं। यूरोप में प्राचीनतम शवाधान कब्र हंगरी में बुडापेस्ट के उत्तर में पाई जाती हैं और उनका समय 49वीं और 47वीं सदी ई.पू. है।[4] 5वीं सहस्राब्दि ई.पू. में बवेरिया (जर्मनी) और हॉलैंड में भी दाहकर्म के अवशेष मिलते हैं।[5] उसी सहस्राब्दि ई.पू. में इराक के हलफ नामक स्थान में दाह-संस्कार पाया जाता है। फिलिस्तीन में चौथी सहस्राब्दि ई.पू. के अन्त में इसके अवशेष मिलने की चर्चा है।[6] मध्य एशिया के स्टेप क्षेत्र में अवस्थित उत्तरी कज़कस्तान की नवपाषाण संस्कृति में पाँचवीं और तीसरी सहस्राब्दि ई.पू. के बीच दाह-संस्कार का अवशेष मिलता है।[7] इतने पुराने उदाहरणों के रहते हुए भी अभी तक यह कहना कठिन है कि दाहकर्म कहाँ से पहले-पहल चला और कैसे फैला। पर इतना स्पष्ट है कि पाँचवीं-चौथी सहस्राब्दि ई.पू. में भारतीय उपमहादेश में शव जलाने की प्रथा नहीं मिलती है।

परवर्ती काल में दाहकर्म यूरेशिया के काफी बड़े भाग में फैल गया। लिथुआनिया में दाहकर्म प्रचलित था। शायद यह प्रथा पहले दक्षिण रूस और यूक्रेन में प्रचलित थी और फिर वहाँ से फैलकर लिथुआनिया और डैन्यूब नदी के

1. वैदिक इंडिया, 1971, पृ. 118-19
2. सेकरेड बुक ऑव दि ईस्ट, जिल्द XXXI, दि ज़ेन्द अवेस्ता, भाग3, अनुवादक एल. एच. मिल्स, मोतीलाल बनारसीदास, दिल्ली, पुनर्मुद्रण, 1988, भूमिका, पृ. XXXI, पा.टि. 2
3. वही
4. मैरीजा गिम्बुटस, 'दि सोशल स्ट्रक्चर ऑव ऑल्ड यूरोप', जर्नल ऑव इंडो-यूरोपियन स्टडीज़, जिल्द 18, सं. 2-3, पृ. 226 और पृ. 227, रेखांकन सं.।
5. वही, पृ. 226
6. स्टासूल, क्रीमेशन ग्रेव्स इन नॉर्थ-ईस्ट पाकिस्तान, पृ. 12
7. दानी और मैसन द्वारा सम्पादित हिस्ट्री ऑव सिविलाइजेशन इन सेंट्रल एशिया, जिल्द 1, पृ. 187-189

क्षेत्र में पहुँची। मध्य डैन्यूब के काँठे में मानव आकृति के रूप में कलश मिले हैं और वे दाह-संस्कार के शवावशेष से भरे हैं। इनमें कुछ का समय ताम्रपाषाण युग के अन्त का है।[1] मध्य डैन्यूब के काँठे में 1500 ई.पू. के आस-पास शवदाह काफी प्रचलित था।[2] यूनान में होमर के समय (1200-800 ई.पू.) में मुर्दे गाड़ने की प्रथा के साथ-साथ उसे जलाया भी जाता था, और वहाँ प्राचीन काल में दोनों प्रथाएँ बहुत दिनों तक चलती रहीं।[3] इटली में भी यह प्रचलित था। प्राक्-विलोनोवा संस्कृति को, जो 1100-900 ई.पू. के आस-पास इटली के अधिकांश भाग में फैल गई थी, हिन्द-यूरोपीय भाषाओं के प्रचार का प्रमुख कारण माना जाता है।[4] इस काल में दाहकर्मवाले कब्रगाह इटली में बड़े पैमाने पर पाए जाते हैं। जले हुए शव के अवशेष को कलश में रखकर कब्रों में गाड़ा जाता था।[5]

पूरब में यह हिन्दूकुश और पामीर पहाड़ के उत्तर में अवस्थित दक्षिणी ताजिकिस्तान में सहस्राब्दि ई.पू. के उत्तरार्ध में पाई जाती है। दक्षिणी ताजिकिस्तान के तुलखर टेपे और अरूकतौ के कब्रगाहों में लगभग 1300-900 ई.पू. के तीन सौ से अधिक पछेती कांस्ययुग की कब्रें मिली हैं जिनमें दाहसंस्कार के बाद शवाधान हुआ है।[6] दक्षिणी ताजिकिस्तान से लगभग 500 किलोमीटर दक्षिण भारतीय उपमहादेश की स्वात घाटी में यह प्रथा पाई जाती है। वहाँ गन्धार की कब्रों में कलश पर मानव आकृति बनाकर और उसमें शवावशेष को रखकर उसे गाड़ा जाता है। यह नया सिलसिला लगभग 1800 ई.पू. से आरम्भ होता है।[7] यद्यपि दक्षिणी ताजिकिस्तान में पाई गई कब्रों का समय 1300 ई.पू. का है, सम्भवतः उस इलाके में और भी पहले दाह-संस्कार प्रचलित हों यह बतलाया गया है कि दक्षिणी ताजिकिस्तान से काबुल (कुभा) नदी के द्वारा गन्धार पहुँचा जा सकता है।[8] स्वात घाटी में दाहकर्म केवल गान्धार संस्कृति तक सीमित नहीं था। 1400 ई.पू. आते-आते उस घाटी में गैलिगै के इलाके में यह आम रिवाज बन गया था।

भारत और पाकिस्तान में दाहकर्म की प्रथा प्राक्-आर्यकाल से थी या आर्यों

---

1. एस्को परपोला, पूर्वोक्त, पृ. 159
2. वही, पृ. 157, 159
3. वैदिक इंडेक्स, जिल्द 1, पृ. 8-9, जिल्द 2, पृ. 175 और उस पर पा. टि. 12
4. जे. पी. मैलॉरी, पूर्वोक्त, पृ. 92
5. वही
6. एस्को परपोला, पूर्वोक्त, पृ. 140
7. जे. पी. मैलॉरी, पूर्वोक्त, पृ. 47
8. वही, पृ. 230

के साथ आई, इस विषय में थोड़ा मतभेद है। सर जॉन मार्शल का मत है कि सैन्धव सभ्यता के उन्नत काल में दाहसंस्कार सामान्यतः प्रचलित था।[1] फिर मार्शल ने यह भी बतलाया है कि मोहेनजोदड़ो में अन्त्येष्टि के विषय में साक्ष्य बहुत थोड़ा है।[2] मार्शल का यह भी मत है कि जब सैन्धव सभ्यता अपने उत्कर्ष पर थी, उस काल की अन्त्येष्टि का कोई साक्ष्य नहीं है।[3] इन विसंगतियों के बीच मार्शल का मत मानना कठिन है।

यह ठीक है कि हड़प्पा में अनेक दाहोपरान्त कलशवाले शवाधान मिलते हैं, पर माधोस्वरूप वत्स द्वारा प्रस्तुत किए गए 176 दृष्टान्तों में 175 में केवल जानवरों की हड्डियाँ मिली हैं, केवल एक कलश में मानव टिबिया अर्थात् अन्तर्जधिका मिली है जो जली हुई नहीं है।[4] किन्तु बलूचिस्तान की कब्रों में मानव हड्डियाँ मिलने के कारण[5] निष्कर्ष निकाला गया है कि हड़प्पा में मानव शव जलाकर गाड़े जाते थे। यद्यपि बलूचिस्तान में ताम्रपाषाण युग में दाहोपरान्त शवाधान के अनेक उदाहरण हैं पर वे उन्हीं स्थलों पर हैं जहाँ सैन्धव संस्कृति के ठेठ बरतन मिलते हैं।[6] सिन्ध अथवा पंजाब में दाहोपरान्तवाले शवाशेष कलश सैन्धव सभ्यता के अन्त काल में मिलते हैं। सम्भवतः बलूचिस्तान में भी उनका वही समय होगा। वत्स के अनुसार हड़प्पा में ऐसे कलश पछेती और बीचवाले समय के हैं।[7] मार्शल के अनुसार हड़प्पा में अन्त्येष्टि सम्बन्धी अधिकांश साक्ष्य वास के अन्ततम काल का है जब सम्भ्वतः मोहेनजोदड़ो का अन्त हो चुका था।[8] मार्शल ने तीन शवकलशों के चित्र प्रस्तुत किए हैं। उसके अनुसार दो निश्चित रूप से परवर्ती काल के हैं और तीसरा सम्भवतः उसी काल का है।[9]

ऊपर के विवेचन से कई बातें स्पष्ट हो जाती हैं। एक तो यह कि कलशों में मानव शव का अवशेष नहीं के बराबर है। ऐसा लगता है कि पशु-पक्षियों इत्यादि को जलाकर या पकाकर मृतक के भोजन के लिए कलश में रखकर

1. मोहेनजोदड़ो, जिल्द 1, 1931, पृ. 89
2. वही, जिल्द 1, 1931, पृ. 79
3. वही, पृ. 81
4. माधोस्वरूप वत्स, एक्सक्वेशंस् एट हड़प्पा, जिल्द 1, 1940, पृ. 254-71 टेबल सहित, पृ. 252
5. वही, पृ. 253 पा. टि.
6. मार्शल, मोहेनजोदड़ो एंड दि इंडस सिविलाइजेशन, जिल्द 1, लंदन, 1931, पृ. 90
7. वत्स, पूर्वोक्त, जिल्द 1, 1940, पृ. 251
8. मार्शल, पूर्वोक्त, पृ.79
9. वही, पृ. 86

चढ़ाया जाता था। मानव शवाशेष के अभाव में हड़प्पा में मृतक को जलाकर गाड़ने की प्रथा सन्देहास्पद मालूम पड़ती है। यदि दाहकर्म का प्रचलन मान भी लिया जाए तो यह स्पष्ट है कि हड़प्पाई सभ्यता के प्रौढ़ काल में यह नहीं प्रचलित थी। इसका समय 1700 ई.पू. के बाद का ही लगता है। वत्स ने बतलाया है कि *सिमेटरी एच* की कब्रें हड़प्पा में पाई गई सैन्धव संस्कृति के अन्तिम चरण में पड़ती हैं।[1] बहुत सम्भव है कि आर्य भाषा-भाषी नवागन्तुकों से सम्पर्क होने के कारण 1500 ई.पू. या उसके बाद दाह-संस्कार की प्रथा उत्तरकालीन हड़प्पाई संस्कृति में आई।

पंजाब, हरियाणा और पड़ोस के इलाके में श्मशान के उदाहरण नहीं मिलते हैं पर धूसर चित्रित भांड अथवा उत्तरकालीन हड़प्पाई स्थल का क्षैतिज उत्खनन नहीं के बराबर हुआ है। राजस्थान में एक हड़प्पा बस्ती की अत्यन्त सीमित खुदाई में दाह-संस्कार के पाँच उदाहरण मिले हैं।[2] बहुत सम्भव है कि यह उत्तरकालीन हड़प्पाई (1600-1000 ई.पू.) बस्ती हो। उत्तर-वैदिक साहित्य से पता चलता है कि 1000-500 ई.पू. में दाह-संस्कार प्रचलित हो गया था।[3]

कुरगानों में, जिनसे सम्पूर्ण शव गाड़े जाते थे, मृतकों के लिए भोजन का प्रबन्ध किया जाता था। उनमें पशु-पक्षियों और मछलियों की भी हड्डियाँ मिली हैं।[4] जब मोहेनजोदड़ों की सभ्यता नष्ट हो चुकी थी उस समय उत्तरकालीन हड़प्पाई संस्कृति के शवाधान में भी पशु-पक्षियों और मछलियों की हड्डियाँ मिली हैं। सम्भव है यह कुरगान संस्कृति से प्रभावित जनसमुदायों से सम्पर्क के कारण 1500 ई.पू. के लगभग हुआ हो।

वैदिक काल के आरम्भ से दाहकर्म के बाद अस्थियों को गाड़ने की प्रथा प्रचलित थी।[5] श्रौतसूत्रों और गृह्यसूत्रों में अस्थिसंचय का विधान है और **शतपथ ब्राह्मण**[6] में अस्थियों को गाड़कर उस पर समाधि अथवा श्मशान बनाने की व्यवस्था है, सिद्धान्ततः उसी प्रकार जैसे कुरगान बनाए जाते थे। वैदिक जनों की समाधियाँ तो निश्चित रूप से नहीं पहचानी जा सकती हैं, पर **ऋग्वेद** और **अथर्ववेद** दोनों से संकेत मिलते हैं कि दाहकर्म में मनुष्य के साथ जानवर जलाए

1. वत्स, पूर्वोक्त, जिल्द 1, पृ. 235
2. ए.इ.आ. पृ. 266, 290
3. वैदिक इंडेक्स, जिल्द 1, पृ. 8-9
4. जे. पी. मैलॉरी, पूर्वोक्त, पृ. 531, 204-205, 213-15
5. ऋग्वेद, 7.89. 1; अवेस्ता, 5. 30. 14
6. शतपथ ब्राह्मण, 13. 8. 1-4

जाते थे। **ऋग्वेद** की अन्त्येष्टि-सूक्त[1] से पता चलता है कि शव के साथ-साथ एक अज (बकरा) जलाया जाता था। **अथर्ववेद** के अनुसार काम में आनेवाला एक बैल शव के साथ जलाया जाता था।[2] अन्त्येष्टि विषयक ग्रन्थों में पशु-पक्षियों को रखने की व्यवस्था अथवा भोजन के उद्‌देश्य से इन प्राणियों को मारकर गाड़ने की व्यवस्था नहीं है। हाँ, **आपस्तम्ब धर्मसूत्र** का वचन है कि श्राद्ध में पशुओं और मछली का मांस ब्राह्मणों को खिलाना चाहिए, इससे पितरों को सन्तुष्टि मिलेगी।[3] यद्यपि इस ग्रन्थ का समय 500 ई.पू. से पहले का नहीं हो सकता है, वैदिक साक्ष्य को ध्यान में रखने पर आपस्तम्ब की प्रथा पुरानी मालूम पड़ती है। **आपस्तम्ब धर्मसूत्र** का वचन उस जीवन की याद दिलाता है जब लोग पशुमांस पर अत्यधिक निर्भर करते थे। हिन्द-यूरोपियों में पशुचारी जीवन की प्रधानता थी। लोगों का विश्वास था कि मरने के बाद भी उन्हें मांस की आवश्यकता पड़ेगी। इस विश्वास का संकेत भारत और इसके बाहर पाया जाता है, पर जिस प्रकार शवाधानों के साथ मांसभक्षण का सम्बन्ध कुरगानों में मिलता है वैसा विधान वैदिक प्रभाव में रचित श्राद्ध कर्मकांड में नहीं पाया जाता है।

1. *ऋग्वेद,* 10.16.4
2. *अथर्ववेद,* 12.2.48
3. *आपस्तम्ब धर्मसूत्र,* 2.7.16.25, 7.17.3 एवं 8.19. 13-15

7
कृषि-पशुपालन और पुरुष-प्रधान समाज

1. पुरुष की प्रधानता

पुरुष की प्रधानता हिन्द-यूरोपीय समाज की विशेषता है। मानवशास्त्री सोचते हैं कि हल से खेती करने में पुरुषोचित गुणों की अथवा अधिक शारीरिक शक्ति की आवश्यकता थी जिससे पितृसत्ता का जन्म हुआ। स्त्रियों के यौन सम्बन्ध पर नियन्त्रण के कारण पितृसत्ता मजबूत हुई। घुड़सवारी में भी पुरुषोचित गुणों की आवश्यकता होती थी, इसलिए हल चलाने और घुड़सवारी के प्रचलन के कारण पुरुष की प्रधानता को बल मिला होगा। आरम्भिक हिन्द-यूरोपीय शब्दों और कानूनों से पैतृत्व की प्रधानता प्रमाणित होती है। लैटिन में 'फादरलैंड' (पितृभूमि) शब्द, 'पैट्रिआ' अर्थात् पैटर से बना है। विशेषण 'पैट्रिअस' भी पैटर से निकला है, और यह पितृसत्ता का द्योतक है। मदर (माता) के लिए कोई इस प्रकार का शब्द नहीं है, और 'मैट्रिअस' शब्द उस भाषा में नहीं मिलता है। फिर रोमी कानून में माता के लिए किसी अधिकार अथवा स्वामित्व का प्रावधान नहीं है।[1] रोमी कानून के अनुसार रोमी कुलपिता के पत्नी, बच्चे और गुलाम समान रूप से उसके अनियन्त्रित अधिकार में रहते थे, तथा राज्य का उन पर कोई अधिकार नहीं था।[2] पत्नी के ऊपर पति के अधिकार की हिन्द-यूरोपीय परम्परा को धर्मशास्त्रों ने मजबूत किया। मनु के अनुसार पत्नी, पुत्र और दास की कोई सम्पत्ति नहीं होती है; जो सम्पत्ति वे अर्जित करते हैं वह उनके स्वामी की होती है।[3] प्राचीन भारतीय धर्मशास्त्रकारों के अनुसार स्त्री कभी स्वतन्त्र नहीं होती।[4] आरम्भिक **अवेस्ता** और यूनानी ग्रन्थों

---

1. *एमिल बेनवेनिस्त, इंडो-यूरोपियन लेंग्वेज,* पृ. 175-76
2. विलियम ए. हंटर, *इंट्रोडक्शन टू रोमन लॉ,* लंदन, 1934, पृ. 24,
3. मनु. 8.416
4. आर.एस. शर्मा, *पर्सपेक्टिव्यस् इन सोशल एंड एकनॉमिक हिस्टरी ऑव अर्ली इंडिया,* नई दिल्ली, 1983, पृ. 48

में पुरुष की प्रधानता के स्पष्ट संकेत मिलते हैं।

आरम्भिक ग्रन्थों में पितृसत्ता के जो संकेत मिलते हैं उनका समर्थन यूरेशिया में पाई गई शव दफनाने की प्रथाओं से होता है। ई.पू. चौथी सहस्राब्दि में उत्तरी यूरोप में डोरीदार मृद्भांड (कॉर्डेड वेयर) के प्रयोग करनेवाले लोग पुरुष-शवों को दाहिनी करवट और स्त्री-शवों को बाईं करवट दफनाते थे।[1] यह प्रथा ई.पू. चौथी सहस्राब्दि के उत्तरी कॉकसस में स्थित नलचिक नामक स्थल[2] के कब्रिस्तान में भी पाई जाती है। ई.पू. दूसरी सहस्राब्दि में यह प्रथा अरल समुद्र और ताजिकिस्तान स्थित तुलखर टेपे[3] कब्रगाहों के दक्षिण ताजबगायब संस्कृति में भी मिलती है। तुलखर की कब्रों में पुरुषों के लिए आयताकार चूल्हे और स्त्रियों के लिए गोल चूल्हे मिलते हैं।[4]

पोलैंड के क्षेत्रों और बाल्टिक राज्यों के अन्तर्गत[5] ई.पू. चौथी सहस्राब्दि में और डैन्यूब के इलाके[6] एवं इटली[7] में ई.पू. तीसरी सहस्राब्दि में पति के निधन पर पत्नी के बलिदान का संकेत कुछ कब्रों से मिलता है। इन इलाकों की अनेक कब्रों में घोड़ों के अवशेष और ताम्बे के बहुसंख्यक सामान मिले हैं जो ठेठ हिन्द-यूरोपीय माने जाते हैं।

कबीली जीवन के लक्षण हिन्द-यूरोपीय समुदायों में पाए जाते हैं, पर ब्राह्मणों का प्रभुत्व केवल भारतीय समाज में पाया जाता है और उसका उद्‌भव उत्तर वैदिक काल में होता है। भारतीय उपमहादेश में आर्यों के बसने के बाद उनके समाज में पुरोहित वर्ग का प्रभाव उभरकर आया। पुरोहित ईरान में भी पाए जाते थे जहाँ उन्हें *अथ्रवन्* कहा जाता था। भारत में ये लोग *अथर्वन्* कहलाते थे। *होता* भी प्राचीन ईरान में पाए जाते थे, और *मन्त्र* के लिए भी समान/सजात शब्द **अवेस्ता** में मिलता है। पर ब्राह्मण नाम का कोई पुरोहित ईरानी समाज में नहीं था। ब्राह्मण वर्ण भारत की विशेषता है, और यहाँ के आर्य-प्रभावित समाज में इस वर्ण का सर्वप्रथम स्थान था। हिन्द-यूरोपीय करीब-करीब सारे यूरोप और एशिया के काफी बड़े भाग में फैले, पर किसी भी हिन्द-यूरोपीय समुदाय में

---

1. जे.पी. मैलॉरी, पूर्वोक्त, पृ. 244
2. वही, पृ. 205
3. वही, पृ. 230
4. वही, पृ. 53
5. वही, पृ. 25
6. वही, पृ. 184
7. वही, पृ. 93

पुरोहितों का वैसा प्रभुत्व नहीं जमा जैसा भारतवर्ष में। उत्तर-वैदिक साहित्य में अर्थात् **अथर्ववेद** और **यजुर्वेद** की संहिताओं में और ब्राह्मण ग्रन्थों में ब्राह्मण वर्ण का वर्चस्व चारों ओर दिखाई पड़ता है। यह भ्रम फैला हुआ है कि ब्राह्मणवाद आर्यों की प्राचीन संस्था है। **ऋग्वेद** में ब्राह्मणवाद का जोर नहीं मालूम पड़ता है। इसमें सात प्रकार के पुरोहित पाए जाते हैं जिनमें ब्राह्मण भी एक है। उत्तर-वैदिक काल के आरम्भ में सोलह प्रकार के पुरोहित मिलते हैं जिनमें ब्राह्मण एक प्रकार है। पर उत्तर-वैदिक काल का अन्त होते-होते सोलह प्रकार के पुरोहितों में ब्राह्मण सर्वेसर्वा बन जाता है। दान-दक्षिणा में उसका आधा हिस्सा होता है और बाकी आधे में और लोगों के हिस्से बनते हैं। बिना ब्राह्मण की उपस्थिति के कोई भी यज्ञ या अनुष्ठान सम्पन्न नहीं हो सकता है। यह अद्‌भुत घटना कैसे हुई ? ऐसा क्यों हुआ कि अनेक देशों में हिन्द-यूरोपीय गए किन्तु भारतवर्ष ही में ब्राह्मणों का प्रभाव प्रबल हुआ ? ऐसा लगता है कि भारत में ब्राह्मणवाद का जन्म आर्य और प्राक्-आर्य तत्त्वों के मिश्रण से हुआ। ध्यान देने की बात है कि वैदिक परम्परा और महाकाव्यों में इन्द्र को ब्रह्मघाती बताया गया है। इन्द्र के प्रमुख शत्रु वृत्र को ब्राह्मण बतलाया गया है। सम्भवतः हड़प्पाई समाज के बचे-खुचे पुरोहितों ने वैदिक समाज में ब्राह्मणों का रूप धारण किया। **ऋग्वेद** में कण्व ऋषि को काला बतलाया गया है और दीर्घतमस् नाम से इस ऋषि का काला रंग होने का आभास मिलता है। उन्हें उनकी माता के नाम से मामतेय भी पुकारा गया है। इन उदाहरणों से लगता है कि ब्राह्मणों का सम्बन्ध प्राक्-वैदिक संस्कृति के लोगों से था। यह भी उल्लेखनीय है कि ब्राहुई भाषा—जो बलूचिस्तान में बोली जाती है—का सम्बन्ध ब्राह्मण शब्द से जोड़ा गया है। अतएव आर्यों और अनार्यों के मिश्रण के कारण ब्राह्मण वर्ण का जन्म हुआ जिसमें आर्य और अनार्य दोनों सम्मिलित थे। इस प्रकार प्रारम्भिक ब्राह्मणवर्ण या ब्राह्मणवाद को प्राचीन काल की विशुद्ध आर्य संस्कृति का अभिन्न अंग नहीं माना जा सकता है।

दुमेज़िल नामक विद्वान ने इस बात पर जोर दिया है कि प्रारम्भ से ही हिन्द-यूरोपीय समाज तीन वर्गों में बँटा हुआ था : (1) पुरोहित, (2) योद्धा, और (3) पशुपालक तथा कृषक। इस त्रिवर्गी समाज का अस्तित्व प्राचीन भारत, ईरान, यूनान, रोम और गॉल में पाए गए समाज के आधार पर सिद्ध किया गया है।[1] रोम के फ़्लामिन नामक पुरोहित को ब्राह्मण का निकटवर्ती बतलाया गया है[2] जो

1. जॉर्जेज दुमेज़िल, 'ला प्रिहिस्टॉरि इंडो-ईरानाएनि डेस कास्ट्स,' *जुर्नाल एशियाटिक,* पैरिस, जिल्द 116, पृ. 109-130.
2. जॉर्जेज दुमेज़िल, *फ़्लामिन-ब्राह्मण,* पैरिस, 1935, पृ. 22

संस्कृत और भाषाशास्त्र की दृष्टि से तर्कसंगत नहीं है। ध्यान रहे कि हिन्द-यूरोपीय समाज में वर्गविभाजन का उदय होने के पहले त्रिवर्गी सामाजिक स्तरीकरण क्रीट, मिस्र और मेसोपोटामिया में पाया जाता है। सम्भवतः इस प्रकार का स्तरीकरण हड़प्पाई समाज में भी विद्यमान था, और शायद उसमें पुरोहितों की प्रधानता थी।[1] मधुकर केशव धवलीकर का मत है कि हड़प्पा, मोहेनजोदड़ो और गुजरात स्थित रोजदी तथा धोलावीरा में से प्रत्येक शहर अलग-अलग तीन इलाकों में बँटकर बसा हुआ था।[2] ऊपर ब्राहुई से ब्राह्मण के सम्बन्ध की चर्चा की गई है। जब भारोपीय शाखा के लोग भारतवर्ष आए तो धीरे-धीरे ब्राह्मण कहलानेवाले पुरोहितों ने पुनर्गठित समाज में अपना सिक्का जमा लिया। उत्तर-वैदिक समाज में ब्राह्मणों और क्षत्रियों का प्रभुत्व जम गया, पर अधिकांश भारोपीय भाषाओं में ऐसे शब्द नहीं मिलते हैं जो 'ब्राह्मण' और 'क्षत्रिय' के सजात शब्द हों। हाँ, *विश्* से मिलते-जुलते शब्द बहुसंख्यक हिन्द-यूरोपीय भाषाओं में मिलते हैं। भारत में *विश्* से वैश्य का बोध होने लगा जो वर्ण-व्यवस्था के प्रारम्भ में पशुपालक और कृषक का काम करता था।

यह भी उल्लेखनीय है कि प्रारम्भिक वैदिक समाज में स्पष्ट रूप से केवल आर्य वर्ण और दास वर्ण की चर्चा की गई है। ऋग्वैदिक काल का अन्त होते-होते चार वर्णों की चर्चा होती है। आर्य वर्ण में ब्राह्मण, क्षत्रिय और वैश्य को स्थान मिलता है, और दास वर्ण में शूद्र को। पर यह सोचना गलत है कि प्रारम्भ से ही हिन्द-यूरोपीय समाज तीन स्तरों में विभाजित था और उसमें ब्राह्मण अथवा पुरोहित वर्ग का काफी महत्त्व था।

2. आर्थिक गतिविधियाँ

ब्रिटिश पुराविद् कॉलिन रेनफ्रू कृषि को हिन्द-यूरोपीय संस्कृति का चिह्न मानते हैं। उनका कहना है कि ई.पू. सातवीं सहस्राब्दि में प्राचीनतम किसान अनातोलिया में रहते थे, और हिन्द-यूरोपीय भाषा कृषि के प्रसार के साथ संसार के अन्य भागों में फैली। लेकिन ई.पू. सातवीं-छठी सहस्राब्दियों में कृषि के अनेक अनातोलिया में रहते थे, और हिन्द-यूरोपीय भाषा कृषि के प्रसार के साथ संसार के अन्य भागों में फैली। लेकिन ई.पू. सातवीं-छठी सहस्राब्दियों में कृषि के अनेक

1. एम.के. धवलीकर, *कल्चरल इम्पियरलिज्म इंडस सिविलाइजेशन इन वेस्टर्न इंडिया,* वुक्स् एंड बुक्स, नई दिल्ली, 1995, पृ. 164-68.
2. पेंग्विन बुक्स, लंदन, 1989, पृ. 205-10

केन्द्र थे, जिनमें फिलस्तीन, इराक, ईरान और पाकिस्तानी बलूचिस्तान शामिल थे। वस्तुतः पशुओं के लिए प्रयुक्त हिन्द-यूरोपीय सजातीय शब्दों और प्राचीनतम ग्रन्थों से जानकारी मिलती है कि हिन्द-यूरोपियों के बीच पशुपालन कृषि से अधिक महत्त्वपूर्ण था, कृषि से चारा बढ़ने के कारण पशुपालन को बल मिला होगा। प्राचीन ग्रन्थों में भी पशुपालन अधिक महत्त्वपूर्ण माना गया है। **ऋग्वेद** में गोधन पर आक्रमण और गाय-गोरू की लूट के प्रसंग भरे पड़े हैं।[1] **अवेस्ता** में गोचर-भूमि पाने के लिए उत्कट अभिलाषा इसलिए दिखाई पड़ती है क्योंकि इससे पशुओं और मनुष्यों दोनों को आहार मिलता है।[2]

आद्य हिन्द-यूरोपीय लोग ताम्बे के औजारों का इस्तेमाल करते होंगे। संस्कृत शब्द *अयस्* के समरूप शब्द लैटिन, गॉथिक और प्राचीन जर्मन में मिलते हैं।[3] सामान्यतया इससे ताम्बे का अर्थ निकलता है, और कालक्रम में *अयस्* का अर्थ काँसा और लोहा भी लगाया जाता है।[4] पूर्वी यूरोप से मध्य एशिया होते हुए उत्तरी भारत तक के विशाल क्षेत्र में 4500 ई.पू. से ताम्बे के प्रयोग के साथ कृषि और पशुपालन का प्रचलन पुरातत्त्व से अभिप्रमाणित होता है। जीवनयापन के इन साधनों को किसी विशेष क्षेत्र अथवा काल में बाँधकर रखना बहुत कठिन है।

3. पुरातत्त्व और भाषा

भाषायी साक्ष्य के आधार पर पाई गई आद्य हिन्द-यूरोपीय संस्कृति के मूल तत्त्वों को देखने से लगता है कि यह संस्कृति नवपाषाणयुगीन अर्थव्यवस्था के विकसित चरण की उपज है। विकसित चरण की शुरुआत ई.पू. पाँचवीं सहस्राब्दि के मध्य तक नहीं होती है। इस चरण में ब्रिटिश पुरातत्त्ववेत्ता एंड्रू शेरेट के अनुसार नवपाषाणयुग की दूसरी उत्पादन-क्रान्ति दृष्टिगोचर होती है।[5] इस चरण में

1. आर.एस. शर्मा, *मैटेरियल कल्चर एंड सोशल फॉर्मेशंस् इन एन्शंट इंडिया,* दिल्ली, मैकमिलन, 1992, अ. 2-3
2. *सेकरेड बुक्स ऑव दि ईस्ट,* जिल्द 31, *दि ज़ेन्द-अवेस्ता,* भाग 111, अनुवाद एल.एच. मिल्स्, रिप्रिंट, मोतीलाल बनारसीदास, दिल्ली, 1988, पृ. 43, 49, 73, 171
3. देखिए *अयस्,* मोनियर-विलियम्स, *एस.इ.डी.*
4. जे.पी. मैलॉरी, पूर्वोक्त, पृ. 121
5. एंड्रू शेरेट, 'प्लॉ एंड पैस्टोरोलिज्म : ऐस्पेक्ट्स ऑव द सेकंडरी प्रॉडक्ट्स रिवोल्यूशन', आइ. हॉडर और अन्य सम्पादक, *पैटर्न ऑव द पास्ट : स्टडीज इन ऑनर ऑव डेविड क्लार्क,* कैम्ब्रिज, 1981, पृ. 261-305; एंड्रू एंड सुसन शेरेट, 'दि आर्किऑलाजी ऑव इंडो-यूरोपियन : ऐन अलूरनेटिव व्यू,' *ऐंटिक्विटि,* जिल्द 62, सं. 236, 1988, पृ. 584-95

पहिएदार सवारियाँ और सवार के साथ घोड़ों से युक्त अश्व-केन्द्रित संस्कृतियाँ मिलती हैं, और स्त्री के ऊपर पुरुष की प्रधानता दिखाई पड़ती है। हल से जुताई, गहन पशुपालन, दुग्धशाला के उत्पादनों के उपयोग, और ताम्बे/काँसे के प्रयोग प्रचलित हो जाते हैं। अमरीकी पुरातत्त्वविद् मैरिजा गिम्बुटस तथा अन्य पुरातत्त्ववेत्ताओं के आधार पर ब्रिटिश विद्वान जे.पी. मैलॉरी बतलाते हैं कि 4500-3500 ई.पू. में दक्षिणी यूक्रेन के अन्तर्गत स्रेडनी स्टॉग में प्राचीनतम हिन्द-यूरोपीय संस्कृति फलती-फूलती थी, और इसका क्षेत्र डॉन और नीपर नदियों के बीच में फैला हुआ था।[1] इसमें पशुपालन के साथ कृषि, शिकार और मछुवाही भी जुड़ी हुई थी, घोड़े का उपयोग मांस और सवारी के लिए होता था, ताम्बे के औजारों का भी प्रयोग होता था।[2] भूतपूर्व सोवियत संघ के पुरातत्त्ववेत्ताओं के विचारानुसार पशुपालन से स्रेडनी स्टॉग की अर्थव्यवस्था के प्राथमिक चरण का निर्माण हुआ।[3]

पूरब में वोल्गा नदी के निकट 3500-2500 ई.पू. में याम्न्या संस्कृति में दूसरे चरण का आगमन हुआ। यह स्रेडनी स्टॉग संस्कृति का पूर्ण विकसित स्वरूप था। यद्यपि याम्न्या संस्कृति पशुपालन पर अत्यधिक आधारित थी, फिर भी चौपहिया सवारियों के इस्तेमाल से यह पहचानी जाती थी, जो इस काल में पहले-पहल पॉन्टिक-कैस्पियन क्षेत्र में पाई गई है। इसमें ताम्बे का उपयोग पूर्ववर्ती कालों से अधिक किया गया और स्थानीय धातुकर्मीय केन्द्रों को भी विकसित किया गया।

4. अन्द्रोनॉवो संस्कृति

तीसरे चरण में अन्द्रोनॉवो संस्कृति आती है जो यूराल से पश्चिमी साइबेरिया और मध्य एशिया स्थित उत्तरी जंगली-घासदार मैदान से दक्षिण में ताजिकिस्तान तक बहुत बड़े विस्तृत क्षेत्र में फैली हुई थी। अन्द्रोनॉवो साइबेरियाई स्टेप्स के वासी थे, पर उनकी संस्कृति के क्षेत्र में अरल समुद्र और अमू दरिया एवं सीर दरिया नामक दो नदियों का इलाका पड़ता है। इस क्षेत्र में दक्षिण मध्य एशिया तथा ईरान और अफगानिस्तान के बड़े इलाके पड़ते थे। इस संस्कृति का आरम्भ 2200 ई.पू. के आसपास हुआ। रूसी पुरातत्त्वविद् अलेना कुजमिना के अनुसार

1. *इंडो-यूरोपियंस,* पृ. 197-206
2. वही, पृ. 198-99
3. वही, पृ. 199

अन्द्रोनॉवो संस्कृति **ऋग्वेद** और **अवेस्ता** में प्रतिबिम्बित भौतिक संस्कृति की द्योतक हैं।[1] जे.पी. मैलॉरी पॉन्टिक-कैस्पियन क्षेत्र स्थित पश्चिमी पड़ोसियों के साथ इस संस्कृति का मौलिक आनुवांशिक सम्बन्ध बतलाते हैं,[2] लेकिन इस संस्कृति के निर्माण में मध्य एशिया की देन ठोस प्रतीत होती है।

अन्द्रोनॉवो संस्कृति दूसरी सहस्राब्दि ई.पू. के प्रारम्भ में पश्चिमी साइबेरिया के स्टेप अर्थात् घास के मैदान में पाई जाती है। इसके निर्माता पशुपालक थे जो गोरू, भेड़, बकरी तथा घोड़े की ढोर रखते थे। घोड़े स्पष्ट रूप से पालतू थे। पालतू पशुओं के जो अवशेष मिले हैं उनमें घोड़े का अंश 12 से 27 प्रतिशत है। घोड़ों का प्रयोग गाड़ी चलाने और घुड़सवारी दोनों में होता था। कब्रों में घोड़ों का जोड़ा मिला है जिससे पता चलता है कि वे गाड़ी खींचने में लगाए जाते थे।

अन्द्रोनॉवो पशुपालकों की बस्तियाँ छोटी-छोटी नदियों पर थीं और उनमें दो से लेकर बीस घर तक होते थे। ये अधिकांशतः लकड़ी के बने होते थे। इनमें भूर्ज वृक्ष का प्रयोग खास तौर पर होता था। अलेना कुजमिना ने अन्द्रोनॉवो संस्कृति को हिन्द-ईरानी बतलाया है। पर इसका कोई ऐसा विशिष्ट अभिलक्षण नहीं है जिस कारण इसे विशुद्ध ईरानी अथवा विशुद्ध हिन्द-आर्य संस्कृति कहा जाए। इसमें **अवेस्ता** तथा **ऋग्वेद** दोनों में वर्णित संस्कृतियों के साझे लक्षण दिखाई पड़ते हैं, अतएव यह उस समय की संस्कृति है जब हिन्द-आर्य और हिन्द-ईरानी एक साथ रहते थे। अन्द्रोनॉवो बस्तियाँ न तो हड़प्पाई बस्तियों से मिलती हैं और न दक्षिण मध्य एशिया की आद्य शहरी बस्तियों से। ये स्टेप्स् के पशुचारियों की बस्तियाँ हैं जिनके घर की तुलना **ऋग्वेद** और **अवेस्ता** में वर्णित घर से की जा सकती है।[3] मैलॉरी के विचार में अन्द्रोनॉवो स्टेप संस्कृति के निर्माता सम्भवतः सबसे प्राचीन हिन्द-आर्यों के पूर्वज थे जो दूसरी सहस्राब्दि ई.पू. में एशियाई स्टेप की दक्षिणी सीमा पर पाए जाते हैं।[4] ऐसा लगता है कि प्रमुख जलमार्गों से वे मध्य एशिया से ईरान और अफगानिस्तान होते हुए सिन्धु घाटी पहुँचे। घर बनाने और मृतकों के संस्कार की दृष्टि से गन्धार संस्कृति और उसके लगभग 500 कि.मी. उत्तर अन्द्रोनॉवो की क्षेत्रीय संस्कृति समान है।[5] दोनों के बरतन भी एक तरह के हैं।

---

1. अलेना कुजमिना जे.पी. मैलॉरी में उद्धृत, *इंडो-यूरोपियंस*, पृ. 228-29
2. जे.पी. मैलॉरी, पूर्वोक्त, पृ. 227
3. वही, पृ. 228-29
4. वही, पृ. 229
5. वही, पृ. 230

5. उत्तर-पश्चिम भारतीय उपमहादेश में आर्यों के पुरातात्त्विक अवशेष

भारतीय उपमहादेश में अभी तक आर्यों का आगमन सूचित करने के लिए जो पुरावशेष प्रस्तुत किए गए हैं उनमें गन्धार की कब्रिस्तानवाली संस्कृति का बड़ा महत्त्व है। यह संस्कृति पाकिस्तान में स्वात (सुवास्तु) नदी की घाटी में पाई गई है जहाँ अभी भी कुछ ऋग्वैदिक शब्द मिलते हैं। **ऋग्वेद** 19.36-37 में राजा त्रसदस्यु का सम्बन्ध सुवास्तु से दिखाया गया है जिससे स्वात की घाटी में आर्यों के निवास और उनके दस्युविरोध का संकेत मिलता है। गन्धार संस्कृति का प्रारम्भ 1800 ई. पू. के लगभग हुआ। यद्यपि इसमें वासस्थान नहीं मिले हैं परन्तु इसमें सन्देह नहीं कि कब्रों में पाए गए सामान नई संस्कृति के आगमन के सूचक हैं। कब्रों में धूसर रंग के बरतन मिलते हैं जिनकी तुलना उत्तर-पश्चिम में ईरान और दक्षिण मध्य एशिया में पाए गए धूसर भांडों से की जा सकती है। कश्मीर, पंजाब और हरियाणा में पाए गए धूसर भांडों से भी इनका साम्य है।[1] याद रहे कि काल और क्षेत्र की दृष्टि से धूसर चित्रित भांडवाली संस्कृति का सम्बन्ध उत्तर-वैदिक जनों से जोड़ा गया है।[2] केवल धूसर भांड का प्रयोग करनेवाले लोग पूर्ववर्त्ती मालूम पड़ते हैं।

गन्धार की कब्रों में घोड़ों का गौण स्थान नहीं है। दो कब्रों में घोड़े मिले हैं और साथ-ही-साथ उनके साज-सामान भी। उल्लेखनीय है कि गन्धार की कब्रों में दाह-संस्कार के पश्चात शवाधान की प्रथा पाई जाती है। जली हुई हड्डियों को अस्थि-कलश में रखकर गाड़ा जाता था। ऐसा लगता है कि गन्धार संस्कृति के निर्माता दरी भाषा के बोलनेवाले लोग थे। स्वात की घाटी में गैलिगै में जो संस्कृति के अवशेष मिले हैं वे भी गन्धार की कब्रों में पाए जानेवाले पुरावशेषों के समान हैं और उसके समकालीन भी हैं। गैलिगै (1600-1400 ई.पू.) *सिमेटरी एच* से काफी मिलता-जुलता है और इसके लाल बरतन पर घोड़े का चित्र मिला है।[3] गैलिगै (1400-800 ई.पू.) में आम तौर पर दाह-संस्कार प्रचलित था और दाह के बाद अस्थि-अवशेष बड़े बरतन में रखकर गाड़े जाते थे। इस प्रकार के बरतन मध्य डैन्यूब नदी के क्षेत्र की कब्रों में 1500 ई.पू. के आसपास मिलते हैं। इन बरतनों पर मनुष्य के चेहरे बने हैं।[4] यह उल्लेखनीय है कि इस प्रकार मनुष्य के

1. जे.पी. मैलॉरी, *इंडो-यूरोपियंस*, पृ. 47-48
2. रामशरण शर्मा, *प्राचीन भारत में भौतिक प्रगति एवं सामाजिक संरचनाएँ*, राजकमल, नई दिल्ली, अध्याय तीन और चार।
3. एस्को परपोला, पूर्वोक्त, पृ. 155
4. वही, पृ. 157

चेहरेवाले बरतन स्वात की घाटी, उसके उत्तर दीर नदी की घाटी (तीमारगढ़) और पेशावर के निकट जरीफ करूना के कब्रगाह में भी मिले हैं।[1] शायद आर्य भाषा-भाषियों की दाह-संस्कार की प्रथा यूक्रेन या दक्षिणी रूस से पश्चिम में मध्य डैन्यूब क्षेत्र में फैली और पूरब में भारतीय उपमहादेश के उत्तर-पश्चिम भाग में। महत्त्व का विषय है कि कलश पर मुखाकृति बनाने की परम्परा 1000 ई.पू. के लगभग धूसर चित्रित भांड के बने अस्थि-कलशोंवाली संस्कृति में चलती रही। अहिच्छत्रा की खुदाई में इस संस्कृति के स्तरों में ऐसे बरतन मिले हैं जिनके गले के निकट पाए गए छिद्रों से मुखाकृति का बोध होता है। ये आकृतियाँ गैलिगै के कलशों पर बनाई गई मुखाकृतियों से मिलती हैं। अतरंजीखेड़ा के धूसर चित्रित भांडवाले स्तरों में गैलिगै जैसी मृण्मयी मानव-मूर्तियाँ भी मिलती हैं।[2]

इस प्रकार के साक्ष्यों के अतिरिक्त यदि हम बलूचिस्तान के पिराक नामक स्थान में पाए गए मिट्टी के बने घुड़सवारों पर ध्यान दें तो यह स्पष्ट हो जाएगा कि 1800 ई.पू. और 1100 ई.पू. के बीच घोड़े पर चढ़नेवाले लोग उत्तरी और दक्षिणी दर्रे से भारतीय उपमहादेश में आते रहे।[3] इनकी पहचान आर्यों को छोड़कर किसी और से नहीं की जा सकती है।

आद्य हिन्द-आर्य भाषा-भाषियों ने भारतीय उपमहादेश में 1800 ई.पू. के आसपास पहले-पहल क्यों प्रवेश किया, इसका सन्तोषजनक उत्तर नहीं दिया जा सकता है। ईरान के पर्यावरण में कोई ऐसा परिवर्तन हुआ हो जिसने आद्य हिन्द-आर्य भाषा-भाषियों को जीवनयापन के लिए भारत आने को बाध्य किया, इसकी स्पष्ट सूचना नहीं है। कहा जाता है कि दूसरी सहस्राब्दि ई.पू. का मध्य आते-आते पश्चिम एशिया और उत्तर-पश्चिम भारतीय महादेश की जलवायु में भारी परिवर्तन हुआ।[4] पुरातत्त्ववेत्ता खज़ानोव का मत है कि जलवायु इतनी शुष्क हो गई कि पशुचारियों ने खेती को बिलकुल त्याग दिया और वे पूरे तौर पर घुमन्तू बन गए।[5] जो भी हो, इतना तो स्पष्ट है कि हिन्दूकुश पर्वत के खैबर और बोलन दर्रे को पार करके अफगानिस्तान से लोग मौर्योत्तर और गुप्तकाल तक लगातार आते रहे। यह आश्चर्य नहीं है कि हिन्द-आर्यों ने भी हिन्दूकुश के रास्ते उपमहादेश में प्रवेश किया हो। हाँ, पुरातत्त्व से संकेत मिलता है कि अफगानिस्तान

1. वही, पृ. 159
2. वही, पृ. 163 और, पा.टि. 417-418
3. वही, पृ. 150-52
4. धवलीकर, पूर्वोक्त, पृ. 204-205
5. ए.एम. खज़ानोव, *नोमाज्जिम एंड दि आउटसाइड वर्ल्ड,* कैम्ब्रिज यूनिवर्सिटी प्रेस, कैम्ब्रिज, 1984, पृ. 85, 95 से उद्धृत, धवलीकर, पूर्वोक्त, पृ. 209

के दक्षिणी भाग से कुछ हिन्द-आर्यों ने बलूचिस्तान में प्रवेश किया था। अभी भी निश्चित रूप से भारत में आर्यों के प्रारम्भिक प्रवेश का ठीक-ठीक समय बतलाया नहीं जा सकता है। पर इसमें सन्देह नहीं कि प्रायः 1800-1500 ई.पू. के बीच भारतीय उपमहादेश के उत्तर-पश्चिमवाले क्षेत्रों में घोड़े और रथ का प्रयोग करनेवाले लोग मौजूद थे। पुरातात्त्विक आधार पर ईरान और भारतीय उपमहादेश दोनों में 1800 ई.पू. के लगभग आर्य संस्कृति के तत्त्व मिलने लगते हैं। पहले इस संस्कृति के लोग ईरान में बसे जहाँ ईरानी-आर्यों और हिन्द-आर्यों के बीच संघर्ष हुआ। ईरानी और आद्य हिन्द-आर्य भाषा-भाषियों के बीच धर्म, संस्कृति और जीवन-शैली को लेकर जो संघर्ष हुआ वह तो स्पष्ट है पर इसके आर्थिक आधार का अभी तक पता नहीं है। सम्भवतः ईरानी कृषि को महत्त्व देने लग गए थे पर कृषि की जानकारी होते हुए भी आद्य हिन्द-आर्यों में पशुपालन की प्रधानता थी। हो सकता है कि जलवायु के शुष्क हो जाने से उन्हें ईरान से आगे भारतीय उपमहादेश की ओर बढ़ना पड़ा।

8
वैदिक जनों का फैलाव

उत्तर-पश्चिम में भारतीय उपमहादेश की वर्तमान राजनीतिक सीमा के आधार पर आर्य भाषा-भाषियों की गतिविधियों को समझना कठिन है। हिन्दूकुश पर्वत शृंखला की मौजूदगी के बावजूद अफगानिस्तान और भारतीय महादेश के उत्तरी-पश्चिमी भाग के बीच निकट के सम्बन्ध थे। **ऋग्वेद** और **अवेस्ता** दोनों का परिचय ईरान, अफगानिस्तान और भारत के सैन्धव क्षेत्र से है। **ऋग्वेद** में जिन नदियों और जनजातियों के नाम हैं उनमें कुछ अफगानिस्तान में पड़ती हैं, उसी प्रकार **अवेस्ता** में वर्णित नदियाँ और जनजातियाँ पाकिस्तानी क्षेत्र में पाई जाती हैं। उल्लेखनीय है कि आर्य नाम से जुड़े हुए अधिकांश क्षेत्र **अवेस्ता** में मिलते हैं, **ऋग्वेद** में उनका अभाव जैसा है।

अवेस्ता के भौगोलिक क्षेत्र में तुर्कमेनिया (दक्षिणी मध्य एशिया), ईरान, अफगानिस्तान और पाकिस्तान तथा भारत के पंजाब और हरियाणा पड़ते हैं। मध्य एशिया, अफगानिस्तान और पाकिस्तान में अधिक पुरातात्त्विक खोज हुई है। नमजगा, मर्व, हेलमंड नदी की सभ्यता, स्वात घाटी की सभ्यताओं और पिराक के उत्खनन से आर्य संस्कृति के प्रसार पर अधिक प्रकाश पड़ता है।[1] पाकिस्तान और भारत के उत्तर-युगीन हड़प्पाई संस्कृति के अवशेष में भी जहाँ-तहाँ आर्य संस्कृति के तत्त्व ढूँढ़े जा सकते हैं।

ऋग्वेद में उल्लिखित नदियों से वैदिक जनों के प्रसार पर प्रकाश पड़ता है। **ऋग्वेद** में सात नदियों (सप्तसिन्धवः) की चर्चा है, जिनमें सिन्धु और उसकी सहायक नदियाँ सम्मिलित हैं।[2] उनसे पता चलता है कि वैदिक भाषा-भाषी हड़प्पाई क्षेत्र में बसे। साथ ही, सात नदियों के नाम पर अलग-अलग प्रदेशों का

1. एस्को परपोला, 'दि कमिंग ऑफ दि आर्यन टू ईरान एंड इंडिया एंड दि कल्चर एंड दि एथनिक आइडेंटिटी ऑव दि दासाज़,' इंटरनेशनल जर्नल ऑव द्राविडियन लिंग्विस्टिक्स, जि. XVII नं. 2, पृ. 146-147
2. ऋग्वेद, 10.75

उल्लेख **अवेस्ता** में भी हप्त हिन्दू के रूप में है।[1] जो नाम **ऋग्वेद** में नदियों के हैं, उनमें से कई नाम **अवेस्ता** में अहुर मज़दा द्वारा कृत प्रदेशों के हैं। ये नाम **ऋग्वेद** में उल्लिखित सरयू, सरस्वती और रसा नदियों से मिलते हैं।[2] **ऋग्वेद** में चर्चित अनेक नदियों की पहचान अफगानिस्तान की नदियों से की जाती है। इनमें कुभा और हरखवति या सरस्वती जैसी नदियाँ हैं। रसा नदी भी अफगानिस्तान में पड़ती है, और इसकी पहचान **अवेस्ता** में चर्चित रन्हा से की जाती है।[3]

ऋग्वेद के परिवेश में सरस्वती को महत्त्व दिया जाता है और कुछ लोग इसकी पहचान केवल राजस्थान की घग्घर और हकड़ा नदी से करते हैं। अब यह नदी करीब-करीब सूख गई है और हरियाणा में सिरसा के पास बालू में लुप्त *(विनशन)*[4] हो गई। प्रसिद्ध पुरातत्त्वविद् अमलानन्द घोष ने सरस्वती घाटी में सर्वेक्षण और उत्खनन के द्वारा यह बतलाया कि इसके सोथी क्षेत्र में प्राचीन सभ्यता के अवशेष मिलते हैं। इधर कुछ लोगों ने कहना आरम्भ किया है कि आर्यों की सभ्यता का उदय सरस्वती नदी के किनारे हुआ और इसी क्षेत्र में उनका मूल वासस्थान था। पर **ऋग्वेद** से अथवा पुरातत्त्व से इस दावे का कोई समर्थन नहीं होता है। प्राचीनतम आर्य संस्कृति की विशेषताएँ इस क्षेत्र में नहीं पाई जाती हैं।

वास्तव में वैदिक सरस्वती से केवल घग्घर और हकड़ा का बोध नहीं होता है बल्कि सरस्वती नामधारी कई अन्य नदियों का बोध होता है। पहली सरस्वती वह है जो अफगानिस्तान में पाई जाती है और जिसकी पहचान हरखवति या आधुनिक हेलमंड नदी से की गई है।[5] इसके आस-पास जो प्राचीन सभ्यता खुदाई से मिली है वह आर्य-पूर्व सभ्यता है। उसी प्रकार सरस्वती की दूसरी पहचान सिन्धु नदी से की जाती है और सैन्धव सभ्यता भी आर्य-पूर्व सभ्यता है। सरस्वती की तीसरी पहचान घग्घर-हकड़ा नदी से की जाती है जहाँ प्राचीनतम सभ्यता के अवशेषों में आर्यों की पहचान नहीं की जा सकती है। इन तीनों सरस्वतियों के

---

1. दि ज़ेन्द-अवेस्ता, भाग 1, दि वेंदीदाह, जेम्स डर्मेस्टेटर द्वारा अनूदित, दि सेकरेड बुक्स ऑव दि ईस्ट, जिल्द 4, पृ. 1-4
2. वही, पृ. 4-10
3. वैदिक इंडेक्स, जिल्द 2, पृ. 209
4. देखिए, विनशन, मोनिअर-विलियम्स, संस्कृत-इंगलिश डिक्शनरी
5. वैदिक इंडेक्स, जिल्द 2, पृ. 434-37 औरं पृ. 434 पर पा.टि. गजेश कोचर, 'ऑन दि आइडेंटिटी एंड क्रोनोलॉजि ऑव दि ऋवेदिक रिवर सरस्वती' वर्ल्ड आर्क्योलॉजिकल कांग्रेस-3, नई दिल्ली 1994 के लैंग्वेज, एन्थ्रोपोलॉजी एंड आर्क्योलॉजि में प्रकाशित पर्चा।

अतिरिक्त वैदिकोत्तर काल में एक चौथी सरस्वती नदी का उल्लेख है जो बिलकुल लुप्त है। कहा जाता है कि प्रसिद्ध प्रयाग तीर्थ गंगा, यमुना और सरस्वती के त्रिवेणी नामक संगम पर बसा हुआ था। पर आजकल वहाँ केवल गंगा और यमुना का ही संगम है, सरस्वती का नामो-निशान नहीं है। मगध में राजगीर के पास सरस्वती नामक नदी का नाम लिया जाता है।

सिन्धु और सरस्वती के अतिरिक्त सरयू की **ऋग्वेद** में उल्लिखित तीन प्रमुख नदियों में गणना है। सरयू की चर्चा **ऋग्वेद** के चौथे, पाँचवें और दसवें मंडल में[1] है। इसकी पहचान सिन्धुपार क्षेत्र अफगानिस्तान में आधुनिक हरिरूद से की गई है जो हेरात में बहती है। ध्यान रहे कि स् अक्षर ईरानी भाषा में ह् अक्षर हो जाता है। सम्भवतः पंजाब में भी किसी नदी को सरयू कहा जाता था पर इसकी पक्की पहचान नहीं हो पाई है। वैदिकोत्तर काल में सरयू, जिस पर अयोध्या बसा हुआ है, पूर्वी उत्तरप्रदेश से होते हुए छपरा के पास गंगा में गिरती है। उसी प्रकार गोमती नदी का नामकरण अफगानिस्तान की गोमल नदी के नाम पर हुआ होगा। जब वैदिक संस्कृति के लोग मध्य उत्तरप्रदेश पहुँचे तो वहाँ उन्होंने उस नदी का नाम गोमती रखा जिसके किनारे आजकल लखनऊ बसा है।

यह सब कहने का अभिप्राय यह है कि जैसे-जैसे वैदिक जन उत्तर-पश्चिम से दक्षिण-पूर्व और दक्षिण बढ़ते गए वैसे-वैसे प्राचीन नदियों का नाम वे अपने साथ लेते गए। **ऋग्वेद** में दिए गए नदियों के नाम से पता चलता है कि वैदिक जन क्रमशः अफगानिस्तान से पश्चिमी उत्तरप्रदेश के छोर तक फैल गए। अन्ततोगत्वा चम्पा और कम्बोज जैसे बहुत से क्षेत्रों के नाम भारतवर्ष से दक्षिण-पूर्व एशिया तक चले गए।

इस विषय में भी अलग-अलग मत हैं कि भारतवर्ष में पाए गए किस प्रकार के पुरावशेषों का सम्बन्ध आर्यों से किया जा सकता है। कुछ लोग कहते हैं कि गन्धार क्षेत्र में द्वितीय सहस्राब्दि ई.पू. की जो कब्रें मिली हैं उनका सम्बन्ध आर्यों से है। गन्धार की कब्रों में घोड़े और उनके साज-सामान मिलने के कारण इस मत की उपेक्षा नहीं की जा सकती है। स्पष्ट है कि गन्धार संस्कृतिवाले हिन्दूकुश के दर्रे से आए। कुछ पुरातत्त्ववेत्ताओं का विचार है कि गुजरात, मध्यप्रदेश और महाराष्ट्र में ताम्रपाषाण युग के काले और लाल बरतन इस्तेमाल करनेवाले लोग 1800 से 1200 ई.पू. के लगभग पाए जाते हैं और इनके बरतन पर ईरानी प्रभाव

1. *दि ज़ेन्द अवेस्ता*, भाग 2, *दि सीरोजाह्ज, यस्त्स एंड न्योयिस*, जेम्स डर्मेस्टेटर द्वारा अनूदित, *सेकरेड बुक्स ऑव दि ईस्ट*, जिल्द 23, पृ. 123 और उसी की पा.टि. 4; वैदिक इंडेक्स, जिल्द 2, पृ. 433-434.

है। इस मत पर ध्यान दिया जा सकता है। सम्भवतः आर्यों की जो टोली बलूचिस्तान के रास्ते गोमल दर्रे से उपमहादेश में आई और सिन्ध में जाकर बसी उसका प्रभाव पश्चिमी भारत पर पड़ा।

पैंतीस से अधिक स्थानों में विशेषतः पश्चिमी उत्तरप्रदेश में ताम्बे के सामान के जखीरे मिले हैं; इनका प्रयोग करनेवाले लोगों को भी आर्य कहा जाता है; पर ये जखीरे छोटानागपुर के पठार और मध्यप्रदेश में भी पाए जाते हैं। इनका सम्बन्ध गंगा-यमुना के दोआब में मिलनेवाले गेरुआ रंग के भांड से किया जाता है, पर अभी तक इसके लिए पर्याप्त प्रमाण उपस्थित नहीं किए गए हैं। इस भांड की संस्कृति की जानकारी बहुत सीमित है, इसलिए इसके बारे में कुछ कहना कठिन है; फिर भी कुछ ऐसे लोग हैं जिनका कहना है कि पंजाब, हरियाणा और पश्चिमी उतरप्रदेश में जो चित्रित धूसर मृद्‌भांड मिले हैं उनका सम्बन्ध आर्यों से है। इसके साथ कहीं-कहीं घोड़े के अवशेष भी मिले हैं और अग्निवेदि जैसा ढाँचा भी मिला है। अभी तक की खोज के आधार पर चित्रित धूसर मृद्‌भांड, काले और लाल रंग के बरतन तथा युद्ध और शिकार में काम आनेवाले लोहे के जो औजार पंजाब, हरियाणा, पश्चिमी उत्तरप्रदेश और राजस्थान के पड़ोसी इलाके में पाए गए हैं उनका सम्बन्ध उत्तर-वैदिक काल के लोगों से जोड़ा जा सकता है;[1] पर ऋग्वैदिक जनों की पुरातात्त्विक पहचान की समस्या को सुलझाना कठिन है।

सम्भवतः ऋग्वैदिककाल के अन्त में बड़े पैमाने पर आर्य भाषा-भाषियों की एक नई टोली 1200 ईस्वी के आस-पास भारत आई। उसके आने का कारण पर्यावरण में हुए परिवर्तन को बतलाया जा सकता है। खजानोव की दृष्टि में दूसरी सहस्राब्दि ई.पू. में जलवायु शुष्क थी पर उसका अन्त होते-होते वह शुष्कतम हो गई।[2] हो सकता है कि इसी कारण वे खेती और चरागाह की तलाश में भारत आए। उन्होंने एक प्रकार के धूसर बरतनों का व्यवहार आरम्भ किया जो कश्मीर और पंजाब में तथा हरियाणा में पाए जाते हैं। यह धूसर मृद्‌भांड हैं। चित्रित धूसर मृद्‌भांड की पूर्वगामी संस्कृति के रूप में धूसर मृद्‌भांड संस्कृति की पहचान अभी तक ठीक से नहीं हो पाई है। ऐसे नवपाषाण काल से ही धूसर रंग के बरतनों का व्यवहार होता था, पर 2000-1800 ई.पू. के आस-पास इस रंग के बरतनों का प्रयोग दक्षिणी मध्य एशिया, ईरान और अफगानिस्तान में हो रहा था।

---

1. रामशरण शर्मा, *प्राचीन भारत में भौतिक प्रगति और सामाजिक संरचनाएँ*, नई दिल्ली, 1990, अध्याय 4, पृ. 224-25
2. यह मत धवलीकर की पुस्तक *कल्चरल इम्पेरियलिज्म : इंडस सिविलाइजेशन इन वेस्टर्न इंडिया* पृ. 209, पर उद्धृत किया गया है।

ध्यान रहे कि जम्मू के निकट मांडा के धूसर मृद्भांडों में भी कटोरे और थाली विद्यमान हैं। ऐसे ही पात्र चित्रित धूसर मृद्भांड में भी मिलते हैं। धूसर मृद्भांड ईरान में प्रचलित थे पर ईरान और पंजाब के बीच के वासस्थानों में उन्हें खोजना बाकी है। धूसर मृद्भांडों की अधिकतम संख्या पंजाब में है, यह संख्या 109 है। हरियाणा में यह घटकर 46 हो जाती है और पश्चिमी उत्तरप्रदेश में 24, राजस्थान में यह संख्या केवल 8 है।[1] भारतीय उपमहादेश में इस मृदभांड के प्रचलन का समय 1200 ई.पू. के लगभग रखा जा सकता है क्योंकि यह उत्तरकालीन हड़प्पाई भांड के साथ कई स्थलों पर मिला है। अब तक हरियाणा में चित्रित धूसर मृद्भांडवाले स्थलों की संख्या सबसे अधिक है और यहाँ 258 स्थल पाए जाते हैं। इनकी संख्या उत्तरप्रदेश में 218 तथा पंजाब में 101 है।[2] इन स्थलों को देखने से ऐसा लगता है कि ई.पू. 1000 के आस-पास स्थानान्तरण हुआ और चार-पाँच सदियों तक चलता रहा। अधिकांशतः वैदिक संस्कृति के लोग उत्तर-पश्चिम से दक्षिण-पूरब जा रहे थे। पंजाब से फैलकर वे हरियाणा और पश्चिमी उत्तरप्रदेश में बस गए और उन्होंने खेती अपनाकर बस्तियाँ बसाईं। उन्होंने युद्ध और आखेट में लोहे के उपकरण का अधिक-से-अधिक इस्तेमाल किया, और उनकी भौतिक संस्कृति उत्तर-वैदिक साहित्य में वर्णित संस्कृति से मिलती है।

ध्यान रखना चाहिए कि उत्तर-वैदिक काल के अन्त के पश्चात् भी खैबर, बोलन और गोमल के दर्रे से होकर हिन्द-यूरोपीय अथवा आर्य भाषा-भाषियों का भारतवर्ष आना जारी रहा। 517 ई.पू. में ईरानियों ने उत्तर-पश्चिमी भारत पर अधिकार जमाया। 326 ई.पू. सिकन्दर के नेतृत्व में उसी इलाके पर यूनानियों ने आक्रमण किया। फिर 205 ई.पू. में अफगानिस्तान और मध्य एशिया में स्थित बैक्ट्रिया के यूनानियों ने भारत पर हमला किया और दूसरी शताब्दी ई.पू. में उत्तर-पश्चिमी भारत पर अपनी सत्ता कायम की। इस सम्पर्क के फलस्वरूप गान्धार कला का उदय हुआ। उसी शताब्दी में और बाद में भी शक, पह्लव, तुषार और कुषाण लगातार भारत में अफगानिस्तान के रास्ते से आते रहे। पाँचवीं शताब्दी में हूण आए। भारत में आनेवाले हूणों की भाषा में हिन्द-यूरोपीय भाषाएँ जाननेवाले कुछ और लोग भारत आए, पर उनके बारे में निश्चित रूप से कुछ नहीं कहा जा सकता है। हाँ, जब 10वीं सदी ई. सन् से यहाँ वास-हेतु अथवा सत्ता-हेतु तुर्क आए तो उनकी भाषा हिन्द-यूरोपीय नहीं थी, उनके पहले आनेवाले अरबों के साथ भी यही बात थी। पर तुर्कों के साथ आनेवाले पठानों की भाषा

1. रामशरण शर्मा, पूर्वोक्त, पृ. 224-25
2. वही, पृ. 230

हिन्द-यूरोपीय थी। वे अभी पाकिस्तान और अफगानिस्तान में बसते हैं और दरी एवं पश्तों भाषाएँ बोलते हैं। तुर्क-पठानों के समय से और विशेषकर 16वीं सदी से मुगल राज्यकाल में फारसी देश की राजभाषा बन गई। फारसी हिन्द-ईरानी भाषा का विकसित रूप है। बौद्ध धर्म के प्रचार के लिए प्राचीन काल में जब भारत से बौद्ध भिक्षु अफगानिस्तान और मध्य एशिया गए तो उन्हें अपनी शिक्षा फैलाने में भाषा की दृष्टि से कोई कठिनाई नहीं हुई, क्योंकि अफगानिस्तान और मध्य एशिया की भाषाओं में हिन्द-यूरोपीय तत्त्वों की प्रधानता थी।

मध्य गंगा मैदान में प्रसार और वैदिक भाषा में परिवर्तन

भाषा का कैसे प्रसार होता है और नई भाषाएँ कैसे पैदा होती हैं, इस पर तरह-तरह के मत हैं। औद्योगिक क्रान्ति के फलस्वरूप संचार माध्यम की तकनीक में आमूल परिवर्तन हुआ है और भाषा का प्रसार तथा विकास जोर से चल रहा है, पर प्राक्-औद्योगिक समाज में भाषा कम बदलती थी और उसके प्रसार की गति धीमी थी। यद्यपि आजकल कुछ विद्वान आक्रमण और स्थानान्तरण को भाषा के फैलने का मुख्य कारण नहीं मानते हैं किन्तु इन कारणों की अनदेखी नहीं की जा सकती है। जब अरबों ने भारतवर्ष पर आक्रमण किया तो वे अपनी भाषा यहाँ ले आए हालाँकि उनका शासन सिन्ध तक ही सीमित था। उसी प्रकार तुर्कों और मुगलों ने फारसी अपनाकर जब भारत में अपना राज्य कायम किया तो फारसी को राजभाषा का दर्जा मिला। उसी तरह से 17वीं सदी से ही अंग्रेजों ने अपनी फैक्ट्रियों के अगल-बगल के लोगों के साथ अंग्रेजी में अपना कारबार चलाया। भारत में पुर्तगाल के कब्जे में जो इलाके थे वहाँ पुर्तगाली का प्रचार हुआ और फ्रांसीसी इलाकों में फ्रांसीसी भाषा का। ध्यान रहे कि राजसत्ता का आर्थिक पक्ष बड़े महत्त्व का होता है। नियमित रूप से प्रजा से बिना कर वसूले कोई राज्य नहीं टिक सकता है, और बड़ी-बड़ी फौजों को खिलाने-पिलाने के लिए प्रशासन को किसानों और व्यापारियों पर निर्भर करना पड़ता है। इस प्रकार प्रशासन की भाषा केवल नौकरशाही तक ही सीमित नहीं रहती है बल्कि राजस्व और न्यायसम्बन्धी शब्द आम लोगों तक भी पहुँच जाते हैं।

आक्रमण अथवा स्थानान्तरण के कारण जीवनयापन-सूचक शब्दावली, जिसमें जीव-जन्तु, पेड़-पौधों, आवागमन, घर-द्वार, औजार इत्यादि के लिए अनेक शब्द होते हैं, फैलती जाती है। इन शब्दों को वे लोग फैलाते हैं जिनका वर्चस्व प्रशासन, समाज और विचार के क्षेत्र में होता है। हिन्द-आर्यों की भाषा भी इसी कारण से

समूचे उत्तरी भारतवर्ष में फैली।

प्रसार के साथ-साथ हिन्द-आर्य भाषा का रूप गैर-हिन्द-आर्य भाषाओं के साथ सम्पर्क होने से बदलता गया। पहले यह समझा जाता था कि 600 ई.पू. के पहले मध्य गंगा के मैदानी इलाकों में, जहाँ वर्षा के कारण घना जंगल था, आबादी का अभाव था और कुरु-पंचाल देश से आकर वैदिक संस्कृत बोलनेवालों ने पहले-पहल इस इलाके को आबाद किया। यह ठीक है कि इस इलाके में बड़े पैमाने पर खेती और आबादी 600 ई.पू. से लोहे के बढ़ते हुए ज्ञान और प्रयोग के साथ प्रारम्भ हुई। पर इसके पहले भी लगभग 1000 ई.पू. से या कहीं-कहीं 2000-1500 ई.पू. से भी इस क्षेत्र के निवासी शिकार के द्वारा भी अपना पालन करते थे और पत्थर के औजार से खेती करते थे। ताम्बे के हथियार नहीं के बराबर मिले हैं, फिर भी मध्य गंगा के मैदानी इलाकों में और विशेषकर छोटानागपुर पठार के उत्तरी किनारे पर कई ताम्र-पाषाणयुगीन स्थल मिले हैं। इन स्थलों की आबादी बहुत कम है। सम्भव है कि इनकी भाषा मुंडारी थी। इस क्षेत्र में प्राक्-वैदिक संस्कृतिवालों और वैदिक संस्कृतिवालों के बीच भौतिक जीवन सम्बन्धी तथा अन्य तत्त्वों का आदान-प्रदान होने से एक नई भाषा का जन्म हुआ जिसे भाषाशास्त्री *मिडिल इंडो-आर्यन* बतलाते हैं। उल्लेखनीय है कि इस कोटि में पालि और प्राकृत को रखा जाता है और इसके उदय का समय 600 ई.पू. के लगभग रखा जाता है। यह काल-निर्धारण पुरातात्त्विक साक्ष्य से मेल खाता है। हालाँकि अशोक के अभिलेख तीसरी सदी ई.पू. के हैं, बहुत सम्भव है कि प्राकृत भाषा का रूप दो-तीन सौ साल पहले ही उभर चुका था। प्राचीनतम पालि ग्रन्थ 400 ई.पू. के पहले नहीं रखे जा सकते हैं परन्तु इससे पालि भाषा के दो सौ साल पहले बने रहने पर आँच नहीं आती है। 600 ई.पू. के आस-पास से लोहे के बढ़ते ज्ञान और इस्तेमाल के कारण वैदिक संस्कृतिवालों का मध्य गंगा के मैदानी इलाकों में बड़े पैमाने पर बसना सम्भव था। दैनिक जीवन में उनका जो यहाँ के प्राचीनवासियों की भाषा से सम्पर्क स्थापित हुआ उसी के कारण *मिडिल इंडो-आर्यन* अथवा पालि, प्राकृत जैसी भाषाओं का जन्म हुआ और इस प्रकार वैदिक भाषा का परिवर्तित रूप प्रचलित हुआ।

9
आर्य और सैन्धव सभ्यता

आर्य भारत के मूल निवासी थे इस बात को लेकर कभी-कभी शास्त्रीय विवाद हो सकता है। पार्जिटर ने लगभग साठ साल पहले यह मत प्रतिपादित किया था कि आर्यों ने बीच हिमालय के रास्ते से भारत में प्रवेश किया, और यहाँ से वे अफगानिस्तान, ईरान और पश्चिम एशिया की ओर गए। कॉलिन रेनफ्रू[1] की एक परिकल्पना है कि हिन्द-यूरोपीय अनातोलिया से सातवीं सहस्राब्दि ई.पू. में सिन्धु क्षेत्र आए और सैन्धव सभ्यता का निर्माण किया। साथ ही रेनफ्रू आर्यों के मध्य एशिया से आने का भी विकल्प रखते हैं। जो भी हो, इस प्रकार की शास्त्रीय प्रवृतिवाले जो विद्वान सैन्धव सभ्यता को आर्यों की कृति बतलाते हैं, उनका उद्देश्य यह नहीं है कि बाद में जो इस देश में आए उन्हें यहाँ से निकाल दिया जाए या द्वितीय श्रेणी का नागरिक बनाकर रखा जाए।

हिन्दू सम्प्रदायवादी प्रचार करते हैं कि आर्य भारत के मूल निवासी थे और यहाँ से वे विश्व के दूसरे भागों में फैले। वे यह प्रचार किसी ठोस शोध या अध्ययन के आधार पर नहीं करते हैं बल्कि राजनीतिक और आक्रामक भावनाओं से अभिभूत होकर ऐतिहासिक तथ्यों की तोड़-मरोड़ करते हैं। प्रचारक सोचते हैं कि यदि आर्यों का मूल वासस्थान भारत से बाहर माना जाएगा तो वे विदेशी समझे जाएँगे और आर्य उसी कोटि में रखे जाएँगे जिस कोटि में वे स्वयं मुसलमानों और ईसाइयों को रखते हैं। किन्तु 2000 ई.पू. के आस-पास जब आर्यों की टोलियाँ भारत आने लगीं, यह उपमहादेश भौगोलिक इकाई के रूप में विद्यमान होने पर भी तत्कालीन निवासियों के द्वारा आजकल की दृष्टि से एक देश नहीं समझा जाता था। राष्ट्रवाद पर आश्रित राज्य की अवधारणा आधुनिक युग की उपज है। यूनानी, पह्लव, शक, तुषार, कुषाण, हूण, अरब, तुर्क इत्यादि, चाहे जिस धर्म या समाज के हों, उपमहादेश में आते गए और एक के बाद एक बसते गए। यहाँ की जलवायु के अनुरूप सबने अपना जीवन ढाला और भारत की संस्कृति

1. कॉलिन रेनफ्रू, *आर्क्योलॉजि एंड लैंग्वेज : दि पज्ल ऑव इंडो-यूरोपियन ओरिजिंस,* पेंगुइन, 1989

में अपने सांस्कृतिक तत्त्वों को मिलाकर साझी सभ्यता और संस्कृति का निर्माण किया। इन निवासियों को किसी भी हालत में विदेशी नहीं माना जा सकता है। इनमें बहुत से लोग हिन्द-यूरोपीय या आर्य भाषाएँ बोलते थे। यह बात ईरानी, पठान और मध्य एशिया से आनेवाले बहुत से मुसलमानों पर लागू होती है।

ऐतिहासिक काल में जो लोग हिन्दूकुश के रास्ते से भारतवर्ष में आए उनमें यू-ची अथवा कुषाण तथा हूणों का नाम प्रमुख है। यू-ची लोगों के विषय में कहा जाता है कि उनकी अपनी कोई भाषा नहीं थी। वे सम्भवतः या तो ईरानी या तुषारी (Tocharian) भाषा बोलते थे और ये भाषाएँ भारोपीय अथवा भारत-ईरानी परिवार की हैं। हूणों की भाषा मिश्रित मानी गई है, और इसमें तुर्की, ईरानी और जर्मन बोलियों के शब्द पाए जाते थे। भारतवर्ष में हूणों के साथ गुर्जर भी आए। गुर्जर शब्द वु-सुन शब्द से निकाला जाता है, और वु-सुन समुदाय के लोग या तो ईरानी या तुषारी (तुखारियन) भाषा बोलते थे। तुखारियन भाषा पहले-पहल चीनी तुर्किस्तान में 8वीं सदी ई. में मिलती है। अतएव प्रथम सहस्राब्दि ई. सन् में भारोपीय भाषा बोलनेवाले अनेक लोग भारतवर्ष आए। बौद्ध धर्म के प्रचार और व्यापार के लिए भारत से हिन्द-आर्य भाषा-भाषी कुछ लोग मध्य एशिया अवश्य गए जहाँ उन्होंने ब्राह्मी लिपि को चलाया, पर मध्य एशिया में वे जातीय अथवा सांस्कृतिक समुदायों के रूप में नहीं उभरे। मध्यकाल में उत्तरी भारत से घुमन्तू जिप्सी या कंजर लोग चलते-चलते यूरोप अवश्य गए और वहाँ रोमनी भाषा का प्रचार किया। इतिहास बतलाता है कि उपमहादेश में आनेवाले लोगों का ताँता लगा रहता था, और यहाँ से बाहर जानेवालों की भी कमी नहीं थी। जिस प्रकार हड़प्पाई सभ्यता का प्रभाव अफगानिस्तान में मिलता है उसी प्रकार मध्य एशियाई संस्कृति के तत्त्व भारत में मिलते हैं, और उनकी जाँच से पता चलता है कि वे आर्य संस्कृति के द्योतक हैं।

यह दावा कि इतिहासकारों और पुरातत्त्वविदों की स्थापना के अनुसार आर्य भारत के मूल निवासी और हड़प्पा सभ्यता के निर्माता थे, बेबुनियाद है। यदि हम विदेशी विद्वानों को छोड़ भी दें तो हमारे अपने देश के मूर्धन्य विद्वानों का यह मत नहीं है। लोकमान्य बालगंगाधर तिलक ने प्राचीन भारतीय धर्म और संस्कृति का सहारा लेकर राष्ट्रीय आन्दोलन चलाया, पर संस्कृत के विद्वान के नाते अपने शोध के आधार पर उन्होंने कभी यह नहीं कहा कि आर्य भारत के मूल निवासी थे। उनकी सुविख्यात पुस्तक *आर्कटिक होम ऑफ दि वेदाज* में बतलाया गया है कि आर्यों का मूल स्थान आर्कटिक क्षेत्र में था। यद्यपि अधिकांश विद्वान लोकमान्य तिलक के इस सिद्धान्त से सहमत नहीं हैं, तो भी इसमें कोई सन्देह

नहीं कि तिलक के अनुसार आर्यों का मूल स्थान भारतवर्ष के बाहर था। इसी प्रकार रमेशचन्द्र मजुमदार और के.ए. नीलकंठ शास्त्री, देवदत्त रामकृष्ण भांडारकर, जैसे प्राचीन इतिहास और संस्कृति के प्रकांड पंडितों के अनुसार आर्य भारत में बाहर से आए। प्राचीन भारत के राजनीतिक इतिहास के मर्मज्ञ हेमचन्द्र रायचौधुरी ने कई ऐसे वैदिक और पौराणिक सन्दर्भों की चर्चा की है जिनके अनुसार यदु, तुर्वशु, कुरु और उत्तर-मद्र हिमालय के पार से भारत आए।[1]

तिलक के समय में तो हड़प्पा अथवा सैन्धव सभ्यता की खोज नहीं हुई थी, लेकिन राखालदास बनर्जी और माधोस्वरूप वत्स जैसे विद्वान पुरातत्त्वविदों ने जब इसे खोजकर निकाला तो उन्होंने कभी भी यह दावा नहीं किया कि इस सभ्यता के निर्माता आर्य थे। चोटी के इतिहासकारों का भी यह मत है। मजुमदार, भांडारकर, नीलंकठ शास्त्री, रायचौधुरी, महामहोपाध्याय पांडुरंग वामन काणे, वामन विष्णु मिराशी, अनन्त सदाशिव अल्तेकर, दिनेशचन्द्र सरकार की कोटि के किसी शोधसमर्पित भारतविद् या इतिहासकार ने हड़प्पा अथवा सैन्धव सभ्यता को आर्यों की कृति नहीं माना है। ध्यान रहे कि ये सारे विद्वान भारतीय संस्कृति के पोषक और कट्टर समर्थक थे।

प्रौढ़ हड़प्पा सभ्यता का समय 2500 ई.पू. से लेकर 1700 ई.पू. तक निर्धारित किया गया है। अभी तक पुरावशेषों के आधार पर यह नहीं कहा जा सकता है कि आर्यों और हड़प्पावासियों के बीच बड़े पैमाने पर कोई संघर्ष हुआ, पर हड़प्पा के अन्तिम दिनों में अनेक स्थलों पर गैर-हड़प्पाई तत्त्वों की घुसपैठ का प्रमाण अवश्य मिलता है; ऐसे बरतन मिलते हैं जो ठेठ हड़प्पाई बरतनों से भिन्न है।

ऋग्वेद में चित्रित जीवन हड़प्पाकालीन सभ्यता से बिलकुल भिन्न है। **ऋग्वेद** की संस्कृति प्रधानतः पशुचारी और अश्वकेन्द्रित है, पर हड़प्पाई संस्कृति के विषय में नहीं कहा जा सकता है। इसमें कोई सन्देह नहीं है कि हड़प्पाई स्थानों में पाई जानेवाली शहरी सभ्यता का आर्यों के प्राचीन साहित्य **ऋग्वेद** में सर्वथा अभाव है। विभिन्न हिन्द-यूरोपीय भाषाओं के परस्पर मिलते-जुलते मूल शब्दों को लेकर जिस सभ्यता के स्वरूप का निरूपण किया गया है उसके भौतिक या पर्यावरणीय पक्ष का हड़प्पा सभ्यता से मेल नहीं खाता है। हड़प्पाई शहरों में सुनियोजित नगर-योजना मिलती है और शिल्प, व्यापार तथा अन्नागार के सबल साक्ष्य मिलते हैं; ईंट की दीवारें, इमारतें और ईंट से बिछी गलियाँ मिलती हैं। पर **ऋग्वेद** में इन तत्त्वों का सर्वथा अभाव है।

1. हेमचन्द्र रायचौधुरी, *पॉलिटिकल हिस्ट्री ऑव 'एनशंट' इंडिया,* सप्तम संस्करण, यूनिवर्सिटी ऑव कलकत्ता, कलकत्ता, 1972, पृ. 23-25, 59, 124-25

वैदिक और हड़प्पाई सभ्यता का पुरातात्त्विक सम्पर्क

प्रौढ़ हड़प्पाई सभ्यता के अन्त होने का समय 1700 ई.पू. के पास रखा जाता है और **ऋग्वेद** का समय 1500 ई.पू. के आस-पास। पुरातत्त्व के आधार पर यह नहीं कहा जा सकता है कि हड़प्पाइयों पर कोई बड़ा आक्रमण हुआ। इसमें सन्देह नहीं कि मोहेनजोदड़ो के अन्तिम स्तरों में घोड़े की हड्डियाँ मिली हैं और *सिमेटरी एच* (2000-1400 ई.पू.) में, जो हड़प्पाई सभ्यता के अन्तिम दिनों का कब्रिस्तान है, बरतन पर घोड़े का चित्र मिला है। इससे नवागन्तुकों और हड़प्पाइयों के बीच का सम्पर्क स्पष्ट होता है। प्रौढ़ हड़प्पाई संस्कृति के विलीन होने के पश्चात् भी लगभग 1700 ई.पू. से 1200 ई.पू. के बीच उत्तर-हड़प्पाई सभ्यता के अवशेष मिले हैं। इनमें कहीं-कहीं—जैसे भगवानपुरा में—घोड़े की हड्डियाँ मिली हैं। हाल के 25-30 वर्षों में अन्वेषकों ने शहरी सभ्यता का अन्त होने के बाद पंजाब, हरियाणा, गुजरात और सिन्ध में हड़प्पाकालीन ग्रामीण तत्त्वों की निरन्तरता का पता लगाया है। बहुत सम्भव है कि ऐसे स्थानों का यदि पर्याप्त उत्खनन हो तो वहाँ वैदिक जनों के साथ सम्पर्क का पता चलेगा। सम्भवतः छोटे-छोटे किलेबन्द गाँवों को वैदिक जनों ने नष्ट किया।

इन्द्र की करतूतों के वर्णन में और आर्यों तथा दस्युओं के बीच संघर्ष के परिवेश में पहाड़ों और गुफाओं की बहुत चर्चा होती है। मवेशियों को गुफाओं में छिपाकर रखा जाता था और वहाँ से इन्द्र उसे छुड़ाकर लाते थे। हड़प्पा और मोहेनजोदड़ो के क्षेत्र में पहाड़ों और गुफाओं का अभाव है। सम्भवतः इस प्रकार का संघर्ष हिन्दूकुश के पार अफगानिस्तान के पहाड़ी क्षेत्र में होता था। किलों को तोड़ने की बात भी अफगानिस्तान पर लागू होती है। 1800 ई.पू. के आसपास दक्षिणी मध्य एशिया और अफगानिस्तान में किलेबन्द शहरी बस्तियों के नष्ट किए जाने का पुरातात्त्विक प्रमाण मिलता है। स्तरीकरण के आधार पर पाकिस्तानी पुरातत्त्वविद् अहमद हसन दानी ने बतलाया है कि बलूचिस्तान स्थित गुमला के वासियों ने, जो दाहकर्म के पश्चात् शवावशेष को गाड़ते थे, उस स्थल की हड़प्पाई संस्कृति को नष्ट किया।[1]

आर्यों के प्रधान देवता इन्द्र के पुर नष्ट करने का उल्लेख है। इन्द्र को *पुरन्दर* कहा गया है। *पुर्* का अर्थ किलेबन्द वासस्थान लगाया गया है, लेकिन इसे एक प्रकार का गाँव भी माना गया है। परन्तु यदि *पुर्* को किला भी मान लिया जाए

1. दानी, *एनशंट पाकिस्तान,* जिल्द 5, 1970-71, पृ. 50; एच.डी. साँकलिया की पुस्तक *प्रिहिस्ट्री एंड प्रोटोहिस्ट्री ऑव इंडिया एंड पाकिस्तान, पृ. 330 पर उद्धृत।*

तो यह हड़प्पाई सभ्यता के अन्तिम चरण में पाए जानेवाले बिखरे हुए छोटे-छोटे वासस्थान मालूम पड़ते हैं। स्मरण रहे कि **ऋग्वेद** में आर्यों के पास कभी भी वास्तविक किले होने की चर्चा नहीं हैं। वे अग्नि से प्रार्थना करते हैं कि वह उनके लिए किले का काम करे।[1] उत्तर-वैदिक साहित्य में देवताओं के असुरों से लगातार हारने का कारण किले *(पुर्)* का अभाव बतलाया गया है।[2]

हड़प्पाई लिपि को पढ़ने का प्रयास लगभग 70 साल से चल रहा है और इसमें लगभग पचास से अधिक विद्वानों ने हाथ बँटाया है। तरह-तरह की परिकल्पनाओं के आधार पर लिपि को पढ़ने की चेष्टा की गई है। अधिकांश विद्वानों ने आद्य-द्रविड़ भाषा के आधार पर इसे पढ़ने की चेष्टा की है। इस दिशा में सबसे स्तुत्य प्रयास आई. महादेवन का हुआ है जिन्होंने कम्प्यूटर की सहायता से इस लिपि के चिह्नों का विश्लेषण किया है और लिपि के विषय में बड़े काम की जानकारी दी है। महादेवन के अनुसार, मुहरों पर पाए गए 1755 प्रतीकों में 92 प्रतिशत जानवरों के प्रतीक हैं।[3] हाल में एक तमिल विद्वान ने इसे तमिल भाषा के आधार पर पढ़ने का दावा किया है। पर अभी तक आद्य-द्रविड़ भाषा अथवा तमिल के आधार पर किसी भी पढ़नेवाले के परिणाम को विद्वानों ने स्वीकार नहीं किया है। एलमी, सुमेरी, मिस्री जैसी कई गैर-हिन्द-यूरोपीय भाषाओं के सहारे भी हड़प्पाई लिपि को पढ़ने का प्रयास किया गया है, किन्तु किसी को इस दिशा में उल्लेखनीय सफलता नहीं प्राप्त हुई है। कुछ लोगों ने वैदिक संस्कृत के आधार पर भी हड़प्पाई लिपि को पढ़ने का प्रयत्न किया है, जिसकी सबसे अधिक आलोचना हुई है। अभी तक लिपि पढ़ने की चेष्टा करनेवालों में उन्हीं लोगों की बहुसंख्या है जो इसे द्रविड़ अथवा अन्य गैर-हिन्द-यूरोपीय भाषाओं के सहारे पढ़ना चाहते हैं। लिपि हिन्द-यूरोपीय भाषा में लिखी गई है, इसके सहारे न तो कोई पुनरुत्थानवादी विद्वान और न कोई निष्पक्ष अन्वेषक हड़प्पाई सभ्यता को आर्य सिद्ध करने में सफल हुआ है।

हड़प्पाई सभ्यता का लिपि-सम्बन्ध हिन्द-आर्य भाषा से नहीं जोड़ा जा सकता है। हिन्द-आर्य भाषाएँ सबसे पहले उत्तर-पश्चिम भारत में मिलती हैं और फिर वहाँ से उनका प्रसार पूर्व और दक्षिण की ओर होता है। स्पष्टतः हिन्द-आर्य भाषा के बोलनेवाले पहले से इन क्षेत्रों में नहीं रहते थे। सबसे अधिक महत्त्व का विषय यह है कि ब्राहुई भाषा, जो द्रविड़ है, सिन्धु नदी के पश्चिम बलूचिस्तान में पाई

1. *ऋग्वेद*, 10.87
2. ऐ. ब्रा., 23.1-2
3. धवलीकर, पूर्वोक्त, पृ. 182-83

जाती है। ऐसा लगता है कि ब्राहुई इलाका प्राचीन द्रविड़-बहुल क्षेत्र के अवशेष के रूप में विद्यमान है, और अभी यह आर्य भाषा-भाषी-बहुल समुद्र में एक छोटा द्वीप जैसा दीखता है। पर प्राचीन काल में सम्भवतः इसका सम्बन्ध ईरान के क्षेत्र में बसे आद्य-द्रविड़ वासस्थानों से था। हंगरी के भाषाशास्त्री जे. हरमट्टा के विचार में ये वासस्थान कोपेत दाग और शहरे-सोख़्ता में पड़ते थे।[1] ध्यान रहे कि संस्कृत साहित्य में प्रारम्भ से ही द्रविड़ मूल के शब्द उधार के रूप में पाए जाते हैं। उत्तर-पश्चिम भारत में ये शब्द विन्ध्य के दक्षिण से नहीं आ सकते थे क्योंकि भारतीय प्रायद्वीप में द्रविड़ भाषा का साहित्यिक अथवा अभिलेखीय अस्तित्त्व 300 ई.पू. के पहले नहीं मिलता है। दक्षिण में द्रविड़ों के आने की तिथि 1000 ई.पू. से अधिक पीछे नहीं रखी जाती है। फिर, हिन्द-आर्यों के आगमन के आरम्भ में दाक्षिणात्यों से उनके अधिक सम्पर्क होने की गुंजाइश नहीं मालूम पड़ती है।

इधर यह शोध करके दिखलाया गया है कि द्रविड़ भाषा का सम्बन्ध एलमी भाषा से है। दक्षिण ईरान में एलम का बड़ा राज्य तीसरी सहस्राब्दि ई.पू. में कायम था। एलमी लिपि सुमेरी लिपि के निकट है, और इसे चौथी सहस्राब्दि ई.पू. के उत्तरी भाग में रखा जा सकता है। इस प्रकार की लिपि को आद्य एलमी कहा जा सकता है। एलम राज्य के कारण ई.पू. चौथी और तीसरी सहस्राब्दि में दक्षिणी ईरान में हिन्द-आर्यों का मूल स्थान नहीं हो सकता था। दक्षिणी ईरान में ई.पू. तीसरी सहस्राब्दि के एलमी अभिलेख में जो भाषा पाई गई है उसका सम्बन्ध द्रविड़ भाषाओं से स्थापित किया गया है। भाषाशास्त्री मैकअलपीन की धारणा है कि एलमी भाषा और द्रविड़ भाषाएँ एक ही भाषा-परिवार से निकली हैं। उसने इसका नाम आद्य एलमी-द्रविड़ भाषा रखा है। उसके अनुसार बलूचिस्तान में पाई गई ब्राहुई भाषा उत्तरी द्रविड़ परिवार की भाषा है और यह आद्य एलमी-द्रविड़ भाषा से निकली है। मैकअलपीन ने आद्य एलमी-द्रविड़ भाषा की पशुपालन सम्बन्धी शब्दावली पर प्रकाश डाला है, और बतलाया है कि जैसे-जैसे द्रविड़ लोग भारतीय उपमहादेश में घुसते गए, यह शब्दावली बदलती गई।[2] उल्लेखनीय है कि आद्य एलमी-द्रविड़ भाषा में ईंट के लिए एक ही प्रकार का शब्द मिलता है। यह तथ्य अत्यधिक महत्त्व का है क्योंकि सैन्धव सभ्यता और उसके पड़ोस की अन्य कांस्ययुगीन शहरी सभ्यताओं में पक्की ईंट का इस्तेमाल बड़े पैमाने पर होता था।

---

1. दानी और मैसन द्वारा सम्पादित, *हिस्ट्री ऑव सिविलाइजेशंज़ इन सेंट्रल एशिया,* जिल्द 1, 1991, पृ. 375
2. डी. मैकअलपीन का मत, जे.पी. मैलॉरी, पूर्वोक्त, पृ. 44-45 पर उद्धृत।

1700 ई.पू. के लगभग सैन्धव सभ्यता का अन्त होने पर लगभग 300 ई.पू. तक उत्तरी भारत में पक्की ईंट के पाए जाने का पुरातात्त्विक साक्ष्य नहीं के बराबर है यद्यपि उत्तरी-वैदिक काल के साहित्य में सम्भवतः कच्ची ईंट की चर्चा है। मैकअलपीन के अनुसार आद्य एलमी-द्रविड़ सभ्यता का विघटन 4000 ई.पू. के लगभग हुआ। जो भी हो, एलमी और द्रविड़ भाषाओं के बीच, जिनमें ब्राहुई सम्मिलित है, जो निकट का सम्बन्ध दिखलाया गया है उसे इतिहासकार धीरे-धीरे स्वीकार कर रहे हैं।[1] इससे आभास मिलता है कि दक्षिणी ईरान से अफगानिस्तान होते हुए बलूचिस्तान तक आर्यपूर्व आबादी का एक विशाल क्षेत्र था जिसमें 2000 ई.पू. के पश्चात् ईरानी तथा भारतीय आर्य भाषाओं के बोलनेवाले आकर बसे।

जो लोग सिद्ध करना चाहते हैं कि हड़प्पा के धार्मिक अवशेष वैदिक संस्कृति के द्योतक हैं उनकी भी युक्ति तथ्यपरक और तर्कसंगत नहीं है। बतलाया जा चुका है कि लोथल (गुजरात) और कालीबंगा (राजस्थान) में वैदिक अग्निवेदियों का मिलना सन्देहास्पद है। यदि वहाँ पाए गए कुछ ढाँचों को अग्निवेदि मान भी लिया जाए तो यह ध्यान में रखना पड़ेगा कि 'वेदियों' का समय आने तक हड़प्पाइयों के साथ आर्यों का सम्पर्क आरम्भ हो गया था। याद रहे कि हड़प्पा और मोहेनजोदड़ो में अग्निवेदियाँ नहीं मिली हैं। सोमपान करने की प्रथा और अग्निवेदि बनाने की प्रथा ईरानियों और हिन्द-आर्यों दोनों में प्रचलित थी। ईरानी भाषा में सोम को होम कहते हैं। ये प्रथाएँ ईरान में 1400 ई.पू.-1200 ई.पू. में प्रचलित हुईं। परपोला का मत है कि ईरानियों और भारत के आर्यों ने ये प्रथाएँ तुर्कमेनिया, ईरान और अफगानिस्तान में पाई जानेवाली पूर्ववर्ती संस्कृति से सीखीं जो कांस्ययुगीन थी और वृहत्तर ईरान में 1800 ई.पू. तक फल-फूल रही थी।[2] दक्षिणी ताजिकिस्तान में अन्द्रोनॉवो संस्कृतिवाले तुलखर टेपे नामक स्थल पर पुरुषों की कब्रों में छोटा आयताकार चूल्हा है और स्त्रियों की कब्रों में गोलाकार चूल्हा। पहले की तुलना आहूवनीय और दूसरे की गार्हपत्य अग्नि से की जाती है। चूल्हे का सम्बन्ध भोजन बनाने से था या अग्निपूजा से, यह कहना कठिन है। जो भी हो, अग्निवेदियों से मिलते-जुलते ढाँचे सबसे पहले दक्षिणी यूक्रेन में 4000-3500 ई.पू. में पाए जाते हैं,[3] यद्यपि उस क्षेत्र में सोमपान की प्रथा होने

---

1. जे.पी. मैलॉरी, पूर्वोक्त, पृ. 44-45
2. एस्को परपोला, 'दि कमिंग ऑव दि आर्यन टू ईरान एंड इंडिया एंड दि कल्चर एंड दि एथनिक आयडेंटिटी ऑव दि दासाज,' *इंटरनेशनल जर्नल ऑव द्रविड़ियन लिंग्विस्टिक्स, XVII*, सं. 2, पृ. 146-49
3. जे.पी. मैलॉरी, पूर्वोक्त, पृ. 53, 203-204

की खबर नहीं है। सम्भव है कि 2000 ई.पू. के आसपास या इसके बाद कुछ आर्य संस्कृतिवाले लोग भारत आए और उनके सम्पर्क के कारण राजस्थान और गुजरात में अग्निवेदि का प्रचलन हुआ। ऐसे आग, हवा, पानी, रोशनी आदि के बिना मनुष्य जी नहीं सकता है, और अग्नि देवता की पूजा का प्रचार, विशेषकर प्राक्-औद्योगिक युग में, ठीक ही लगता है। एक मोहर पर एक ऐसी मूर्ति मिलती है जिसके चारों ओर कई जानवर हैं लेकिन इसको पशुपति शिव मानने का आधार कमजोर है।[1] यद्यपि **ऋग्वेद** की ऋचाएँ विभिन्न प्रकार के देवों की स्तुति में रची गई हैं तथापि शिव जैसे देवता का उस वेद में कोई स्थान नहीं है।

हड़प्पा की खुदाइयों में मनुष्य की हड्डियाँ मिली हैं; उनकी बारीकी से जाँच की गई है। इनमें किसी भी हड्डी को 'ठेठ आर्य' जैसी हड्डी नहीं बतलाया जा सकता है। बहुत अंश तक मानव की आकृति जलवायु और पर्यावरण से निर्धारित होती है। नृशास्त्रियों ने आर्य मानव की आकृति की भी रूपरेखा बनाई है यद्यपि इस पर मतैक्य नहीं है। मोहेनजोदड़ो में कई प्रकार की हड्डियाँ मिली हैं। कुछ हड्डियों को देखने से पता चलता है कि यहाँ ऐसे लोग बसते थे जो भूमध्यसागरीय क्षेत्र और पश्चिमी एशिया में रहते थे। दूसरे प्रकार की हड्डियों से उस मानव आकृति का पता चला है जिसे प्रोटो-ऑस्टोलाइड कहा जाता है और जो द्रविड़ जातियों में पाई जाती है। ऐसे लोग ऑस्ट्रेलिया और हिन्द महासागर के द्वीपों में भी बसते हैं। एक तीसरे प्रकार की हड्डी को मंगोलाइड बतलाया गया है और यह मंगोल जाति के लोगों में पूर्वी एशिया में पाई जाती है; ऐसी एक ही हड्डी मिली है। अभी तक हड़प्पा के मानव शरीर के अवशेषों में एक भी ऐसी हड्डी नहीं मिली है जिसकी तुलना 'आर्य की मानव आकृति' से की जाए। और फिर आर्य की मानव आकृति कैसी थी इस पर अभी तक न मतैक्य है और न ठोस वैज्ञानिक खोज की गई है। अमरीकी पुरातत्त्वविद् केनेडी का मत है कि हड़प्पाई लोग भारतीय इतिवृत्तों में वर्णित आर्य नहीं हैं।[2]

आर्यों की पहचान घोड़े से की जाती है, पर हड़प्पा सभ्यता के प्रौढ़ चरण में घोड़े का प्रचलन नहीं के बराबर था। ऊँट पाया जाता है, पर उससे कोई बात नहीं बनती है। कच्छ में सूरकोटडा में घोड़े की हड्डियाँ 2100-1700 ई.पू. के काल की मिली हैं, और सूरत में मलवन नामक स्थान में उत्तर-हड़प्पाई काल की हड्डियाँ मिली हैं। मोहेनजोदड़ो में भी उसी समय की हड्डियाँ मिली हैं। कुरूक्षेत्र जिले के भगवानपुरा में घोड़े की हड्डियाँ मिली हैं और उनका समय 1600-1000 ई.पू. के

1. ए. एल. बैशम, *दि ऑरीजिंस एंड डेवलपमेंट ऑव क्लासिकल हिन्दूइज़्म*, दिल्ली, 1985 पृ. 4
2. धवलीकर, पूर्वोक्त, पृ. 173

काल में रखा गया है। वहाँ उत्तरकालीन हड़प्पाई संस्कृति और धूसर चित्रित मृद्भांड के पुरावशेष एक साथ पाए जाते हैं। राजस्थान के कालीबंगा में घोड़े की हड्डियों का मिलना सन्देहास्पद है। अतएव हड़प्पाई संस्कृति के सन्दर्भ में घोड़े के सम्बन्ध के विषय में कई बातें उल्लेखनीय हैं। इसकी परिपक्व संस्कृति से घोड़े का सम्बन्ध नहीं के बराबर है। घोड़े की हड्डियाँ उत्तर-हड़प्पाई काल (1600-1000 ई.पू.) में पाई जाती हैं जो आर्य भाषा-भाषियों के आगमन और घुसपैठ का समय पड़ता है। उल्लेखनीय है कि आर्य भाषा-भाषियों की संस्कृति घोड़े के प्रयोग पर केन्द्रित थी, पर उस प्रकार की संस्कृति का आभास प्रौढ़ हड़प्पाई संस्कृति से कतई नहीं मिलता है।

यह भी कहा गया है कि हड़प्पा सभ्यता का निर्माण प्रारम्भिक आर्यों ने नहीं बल्कि उत्तर-वैदिक युग के आर्यों ने किया था;[1] परन्तु यह मत भी अस्वीकार्य है। उत्तर-वैदिक साहित्य के अध्ययन से पता चलता है कि पशुचारी समाज कृषिप्रधान बन गया था। इसमें लोहे का प्रयोग होता था यद्यपि इसके औजार प्रधानतः युद्ध और शिकार में काम आते थे। उत्तर-वैदिक साहित्य में लोहे का उल्लेख *कार्ष्ण / कृष्ण अयस् और श्याम अयस्* के रूप में है। सुविदित है कि हड़प्पा में लोहे का इस्तेमाल नहीं होता था, केवल काँसे और पत्थर के हथियारों से काम चलता था। यद्यपि लोहे की जानकारी पश्चिम एशिया में 2300 ई.पू. के आस-पास आ गई थी, उत्पादन और उद्योग के क्षेत्र में इसका प्रयोग 1200 ई.पू. में आकर हुआ। साथ ही जिस प्रकार के शिल्प, व्यापार और शहरी जीवन के संकेत हड़प्पा में मिलते हैं उनका उत्तर-वैदिक काल के साहित्य में नितान्त अभाव है। संस्कृत साहित्य के इतिहास के लगभग सभी चोटी के विद्वान यह मानते हैं कि उत्तर-वैदिक काल का आरम्भ 1000 ई.पू. से हुआ। संस्कृत साहित्य के इतिहासलेखक ब्रिटिश विद्वान कीथ, फ्रेंच विद्वान रनू और डच विद्वान गोंडा सभी इस विचार के हैं यद्यपि विभिन्न ब्राह्मण ग्रन्थों के कालनिर्धारण में उनके बीच मतान्तर है।[2] चूँकि प्रौढ़ सैन्धव सभ्यता का अन्त 1700 ई.पू. के लगभग हुआ, इसलिए किसी भी हालत में उत्तर-वैदिक काल के आर्यों का मूल वासस्थान भारत में नहीं था। हाँ, इस विषय को लेकर विवाद होता है कि आर्य कहाँ के मूलवासी थे, कैसे-कैसे उनकी संस्कृति बदलती गई, उन्होंने किन रास्तों से भारत के उपमहादेश में प्रवेश किया, और वे कितनी बार टोली बाँध-बाँधकर आए।

1. यह मत प्रोफेसर अजय मित्र शास्त्री का है।
2. जॉन गोंडा द्वारा सम्पादित *ए हिस्ट्री ऑव इंडियन लिटरेचर (संहिताज एंड ब्राह्मण)*, वीजवाडेन, जि. 1, पुस्तिका 1, पृ. 29, 360; कैम्ब्रिज हिस्ट्री ऑव इंडिया, जि. 1. पृ. 131-32; पद्मा मिश्र, इवॅलूशॅन ऑव दि ब्राह्मण क्लास, वाराणसी, 1978, पृ. 42 एवं पा. टि. पृ. 43 एवं पा. टि. 2.

10

क्या हड़प्पा की संस्कृति वैदिक थी ?

कुछ पुरातत्त्वविज्ञानी सोचते हैं कि हड़प्पा की संस्कृति ऋग्वैदिक लोगों ने बनाई थी। 1978 में बी.बी. लाल[1] ने समयकाल, भूगोल और वेद व हड़प्पा के सांस्कृतिक भेदों के आधार पर इसे निर्णायक तौर पर नकार दिया था। लेकिन 1997 में वह फिर उस विचार की ओर मुड़ गए लगते हैं, जिसे उन्होंने ही खारिज किया था। वह हड़प्पा और 'वैदिक ग्रन्थों' के समयकाल में मौजूद अन्तर को नहीं मानते, हड़प्पा में घोड़ों की मौजूदगी का जिक्र करते हैं, और हड़प्पा के अवशेषों और 'वैदिक ग्रन्थों' की संस्कृतियों में 'व्यापक विभेद' के सिद्धान्त से इनकार करते हैं।[2]

वैदिक काल के विद्वानों की आम राय के मुताबिक वैदिक ग्रन्थ ई.पू. 1500-500 के दौर के हैं। ऋग्वेद को हड़प्पाकाल के अन्तिम या उसके पश्चात के दौर में रखा जा सकता है। इसे हड़प्पा के चरम दौर से नहीं जोड़ा जा सकता। लाल रूढ़िवादियोंवाला यह तर्क देते हैं कि ऐतरेय ब्राह्मण में कहा गया है कि 21 मार्च को दिन और रात बराबर होने का दिन मृगशिरा के बजाय रोहिणी नक्षत्र में पड़ने लगा है, और चूँकि यह घटना ई.पू. 3500 में हुई थी, इसलिए ऋग्वेद ईसा से चार वर्ष पुराना है।[3] लेकिन जिन आधुनिक ज्योतिषविदों ने मूल ग्रन्थ पढ़ा है, उनके अनुसार ब्राह्मण ग्रन्थों में सम्पाती दिवसों का कोई स्पष्ट उल्लेख नहीं है।[4] फिर इस बात को भी ध्यान में रखा जाना चाहिए कि नक्षत्र अपने स्थान से नहीं हिलते, बल्कि सम्पात का बिन्दु हिलता है। और सम्पात के बिन्दु हिलने या विषुवत रेखा का कोई उल्लेख न तो वेदों में है और न ही ब्राह्मण ग्रन्थों में या

1. बी.बी. लाल, 'द इंडो-आर्यन हाइपोथीसिस विज.ए.विज. इंडियन आर्कियोलोजी', *जर्नल ऑफ सेंट्रल एशिया,* खंड 1., अंक 1 (1978), पृ. 24-41
2. वही, *द अर्लियस्ट सिविलिजेशन ऑफ साउथ एशिया,* (नई दिल्ली, 1977), पृ. 281-87
3. वही, पृ. 286
4. एस.एन. सेन, *ए कन्साइज हिस्ट्री ऑफ साइंस इन इंडिया* (एम.डी. बोस, एस.एन. सेन और बी.बी. सुब्रयप्पा), (नेशनल साइंस अकादमी, नई दिल्ली, 1971), पृ. 77

वेदांग ज्योतिष में।[1] लिहाजा ऋग्वेद को ईसा से चार हजार वर्ष पुराना मानने का कोई आधार नहीं है। इससे भी ज़्यादा अहम तौर पर, इसके भूगोल और अवेस्ता के साथ इसकी नजदीकी समानता के कारण ऋग्वेद को अलग-थलग करके नहीं देखा जा सकता है। ई.पू. 1400 के मितानी अभिलेखों में वैदिक देवी-देवताओं के नामों का ठीक-ठीक उल्लेख होना, साफ तौर पर जताता है कि ऋग्वेद ई.पू. 1500 से ज़्यादा पुराना नहीं हो सकता है। ऋग्वैदिक काल के घोड़े के तमाम अवशेष ई.पू. 1500 के ही हैं।

हड़प्पा की संस्कृति को ऋग्वैदिक पहचान देने का तर्क देते हुए लाल कहते हैं, 'जिस तरह हड़प्पा संस्कृति की सम्पूर्णता में नगर, शहर और गाँव थे (जो कि आज हरेक समाज में हैं) वैसे ही वैदिक युग में भी ग्रामीण और शहरी बस्तियाँ थीं।' लेकिन जिन पुरातत्त्वविज्ञानियों और भाषाविदों ने इस विषय पर काम किया है, वे इस धारणा को खारिज करते हैं। 'भाषा के लिहाज से इंडो-ईरानी किसी नगर, किलेबन्दी, महल, मन्दिर, लेखन, सिंचाई, विशिष्ट कला या व्यापार का संकेत नहीं देते।'[2] यह निष्कर्ष प्रोटो-इंडियंस पर भी लागू होता है और प्रोटो-ईरानियों पर भी। लेकिन लाल ऋग्वेद की ऋचा X 101.8 को ग्रिफिथ के अनुवाद के साथ उद्धृत करते हैं, जिसमें 'देवताओं से लोहे के किले बनाने का आह्वान किया गया है, जो सारे हमलावरों से सुरक्षित हो।'[3] हालाँकि लाल ने यह प्रश्न उचित ही उठाया है कि क्या *अयसीपुर* का अर्थ लोहे का किला हो सकता है, लेकिन वह इस बात पर जोर देते हैं कि पुर का अर्थ एक किलेबन्द शहर होता है।[4] वैदिक लोगों के पुर होते थे, क्योंकि एक कहानी भी है कि असुरों से प्रभावी ढंग से निपटने के लिए देवताओं ने जवाबी पुर भी बनाए थे और जवाबी राजतन्त्र भी बनाया था। कई बार पुर शब्द को हजार दरवाजों से या सहस्रद्वार से भी जोड़ा जाता है और इस ढंग से उसे एक महान हड़प्पा नगर से जोड़ दिया जाता है। लेकिन सहस्र या हजार शब्द एक अलंकरण ज्यादा है, जो न केवल वैदिक पाठ्य में बार-बार आया है, बल्कि अशोक के शिलालेखों में उसके बाद भी बार-बार इस्तेमाल हुआ है। लेकिन जिन लोगों ने वैदिक ग्रन्थों में और खास तौर पर ऋग्वेद

1. एम.एन. साहा और एन.सी. लाहिड़ी, *हिस्ट्री ऑफ द कैलेंडर* (काउंसिल ऑफ साइंटिफिक एंड इंड्रस्ट्रियल रिसर्च, नई दिल्ली, 1995, पुनर्संस्करण 1992), परिशिष्ट 5-डी; एस.बी. दीक्षित, *भारतीय ज्योतिष* (हिन्दी समिति, सूचना विभाग, उत्तर प्रदेश, दूसरा सं, लखनऊ, 1963)
2. वाई.वाई. कुजमिना और के. एफ. स्मिर्नोव, 'द ओरिजिन ऑफ द इंडो-इरानियंस इन द लाइट ऑफ रिसेंट आर्कियोलोजिकल डाटा', *जर्नल ऑफ सेंट्रल एशिया,* खंड 1, अंक 1 (1978), पृष्ठ 68.
3. बी.बी. लाल, *द आर्लियस्ट सिविलिजेशन ऑफ साउथ एशिया,* पृ. 224-85
4. वही

में पुर के सन्दर्भ का पर्याप्त अध्ययन किया है, वे पुर का अर्थ एक किलेबन्द शहर नहीं मानते। वैदिक विद्वान विल्हेम राउ और पुरातत्त्वविज्ञानी जार्ज एरडोसी, जिन्होंने वैदिक पुर का गहराई से अध्ययन किया है, वे वैदिक बस्तियों को हड़प्पा से नहीं जोड़ते।[1]

राउ के अनुसार, 'हमारे ग्रन्थों में एक भी शब्द ऐसा नहीं है, जो सिन्धु नगरों के खास पहलुओं, ईंट की दीवारों, ईंट के घरों, ईंट से पगी और समकोण पर कटी सड़कों, अनाज के भंडारों या सार्वजनिक स्नानागारों के बारे में हो।' वह कहते हैं कि नगरों का उल्लेख वैदिक युग के बिलकुल अन्त में आता है।[2] एरडोसी मॅक्डोनैल और कीथ[3] के विचारों को आगे बढ़ाते हैं और सन्दर्भों के आधार पर किले के तौर पर पुर के अस्तित्व पर ही सवाल उठाते हैं। निष्कर्ष के तौर पर वह 'ऋग्वैदिक और हड़प्पा की सभ्यताओं को जोड़ने पर नए सिरे से दिए जा रहे जोर को सनक भरा वाद करार देते हैं।'[4]

हमारे विचार में, पुर से जुड़े मिथक और किंवदन्तियाँ यह संकेत देती हैं कि पुर या तो रहने की इकाई होता होगा, या ऐसी इकाइयों का समूह, जो कि हड़प्पा के बाद के दौर में सामने आया। खास तौर पर आरम्भिक वैदिक पत्थर के पुरों से आशय उन पत्थर के बने घरों से हो सकता है, जो हाल ही में उत्तर पश्चिमी सीमा प्रान्त की पहाड़ियों में मिले हैं, जिनमें पशु चरानेवाले रहा करते थे।

कोई शक नहीं कि सबसे पहले वेद के समय जो भौगोलिक दायरा था, उसका काफी बड़ा हिस्सा वही है, जो हड़प्पा का था। लेकिन ऋग्वेद अफगानिस्तान को भी शामिल करता है, जहाँ हड़प्पा का एक उपनिवेश था। बी.बी. लाल कहते हैं कि हड़प्पा के क्षेत्र में पूर्व या पश्चिम की नदियों का एक भी ऐसा नाम नहीं है, जिसका कोई द्रविड़ सम्बन्ध हो।[5] यह सही है कि उत्तर पश्चिम में ऋग्वैदिक क्षेत्र में सारी नदियों के इंडो-आर्यनों के पहले नामों की जगह लगभग पूरी तरह इंडो-आर्यन शैली के नाम आ गए हैं, लेकिन वैदिक भाषाओं के एक विशेषज्ञ

1. डब्ल्यू राउ, *द मीनिंग ऑफ पुर इन वैदिक लिटरेचर* (म्यूंचेन, 1976), जी. एरदोसी, 'द मीनिंग ऑफ रिगवैदिक पुर, नोट्स ऑन द वैदिक लैंडस्केप', जे.एम. कीनोयर सम्पादित *फ्राम सुभर' टु मेलुहा, कांट्रिव्यूशंस टू द आर्कियोलोजी ऑफ साउथ एंड ईस्ट एशिया इन मेमोरी ऑफ जॉर्ज एफ. डेल्स जूनियर में,* विस्कांसिन आर्कियोलोजिकल रिपोर्ट, खंड (1994), पृष्ठ 223-34
2. राड, वही, पृ. 52
3. *वैदिक इंडेक्स ऑफ नेम्स एंड सबजेक्ट्स,* खंड I (1912) (पुनर्मुद्रित, दिल्ली, 1967), पृष्ठ 538-39
4. जी. एरदोसी, 'द मीनिंग ऑफ ऋग्वैदिक पुर...', वही, पृ. 224-32
5. बी.बी. लाल, *इंडिया 1947-1997: न्यू लाइट ऑन द इंडुस सिविलिजेशन* (आर्यन बुक्स इंटरनेशनल, नई दिल्ली, 1998), पृष्ठ 446

विट्जेल के अनुसार आर्यों के आने से पहले के कुछ नाम बरकरार रह गए हैं। इनमें—कुभा (आधुनिक काबुल) नदी, क्रुमु (आधुनिक कुर्रम) और सम्भवतः सिन्धु भी शामिल है। इस विचार के अनुसार ये नाम सिर्फ सन्दिग्ध तौर पर इंडो-आर्यन / इंडो-यूरोपीयन शब्द विन्यास रखते हैं।[1] लाल जो कहते हैं, उसके अनुसार गंगा नाम इंडो-आर्यन मूल का होना चाहिए।[2] लेकिन ऐसा सही नहीं है, क्योंकि गंग शब्द का मंगोलियाई भाषा में अर्थ नदी होता है और यह शब्द तिब्बती-बर्मी मूल का हो सकता है।

ऋग्वैदिक और हड़प्पा संस्कृतियों में पौधे और पशु भिन्न हैं। पीपल और नीम हड़प्पा के पवित्र वृक्ष थे। यह दोनों ही नाम गैर इंडो-आर्यन हैं। ऋग्वेद में शब्द निम्ब नहीं आता है, लेकिन पिप्पल शब्द इसके पहले मंडल में आता है। ऋग्वेद में जिस एक मात्र कृषि उत्पाद का जिक्र है, वह है जौ, जबकि हड़प्पा में जौ के अलावा गेहूँ, तिल और मटर की पैदावार होती थी। यहाँ यह बात ध्यान देने लायक है कि तिल शब्द को मुंडा या द्रविड़ माना जाता है। हालाँकि मोहेनजोदड़ो में ऊँट की हड्डियाँ मिली हैं, लेकिन ऊँट न तो मुद्राओं में मिलता है, और न मिट्टी के काम में। सबसे पहला ऊँट नजर आता है ब्लूचिस्तान के काची मैदानों में पिराक में ईसा पूर्व 1700 में। गैंडा एक महत्त्वपूर्ण पशु है। हड़प्पा की मुद्राओं और मिट्टी के काम में एक सींगवाले पशुओं का साफ बहुमत है। लेकिन हड़प्पा के इस सबसे पसन्दीदा जीव का जिक्र ऋग्वेद में नहीं हैं। संस्कृत में *गंड* या *खड्ग* शब्द गैंडे के लिए और एकऋंग शब्द गैंडे और एक सींगवाले पशु दोनों के लिए इस्तेमाल हुआ है, लेकिन इन दोनों में से कोई भी शब्द ऋग्वेद में नहीं है। अहम बात यह है कि टर्नर के मुताबिक *गंड* और *खड्ग* दोनों ही शब्द द्रविड़ मूल के हैं। सम्भवतः हड़प्पा के लोग अपनी खेती बैल के जरिए किया करते थे, जो हड़प्पा की कला में आम तौर पर नजर आते हैं। मोटे तौर पर घुमन्तू चरवाहा होने के कारण ऋग्वेद में भी बैल का उल्लेख कई बार आता है। लेकिन हड़प्पा में एक परिपूर्ण खाद्य प्रसंस्करण उद्योग था, जो नगरों को बरकरार रखने के लिए जरूरी था।

बैल के अलावा, हड़प्पा की मुद्राओं और मिट्टी के काम में हाथी भी नजर आता है, लेकिन घोड़े के विपरीत, सबसे पहले वेद के लिए हाथी उतना महत्त्वपूर्ण पशु नहीं है। वैदिक संस्कृति अश्व आधारित थी। हालाँकि बी.बी. लाल और

---

1. माइकेल विट्ज़ेल, 'सबस्ट्रेट लैंग्वेजेज इन ओल्ड इंडो-आर्यन', *इलेक्ट्रोनिक जर्नल ऑफ वैदिक स्टडीज़,* खंड V, अंक I (सितम्बर, 1999)
2. बी.बी. लाल, *इंडिया 1947-1997* वही, पृष्ठ 442

एस.पी. गुप्ता घोड़े की मौजूदगी के कुछ मामलों की बात कहते हैं,[1] लेकिन आम तौर पर यह मामले परिपक्व हड़प्पा दौर के नहीं हैं। यही कारण है कि इस विचार का प्रतिरोध एस.आर. राव ने किया है, जो खुद आर्यों के हड़प्पा के पुराने समर्थक हैं।[2] घोड़े की समस्या पर सम्बन्धित जानकारियों का अध्ययन करनेवाले रिचर्ड मीडो को ई.पू. 2000 से पहले अश्व का कोई अस्थिप्रमाण नहीं मिला है। हड़प्पा में अमेरिकी पुरातत्त्वविदों द्वारा की गई खुदाई में भी वहाँ घोड़े की मौजूदगी का कोई साक्ष्य नहीं मिला है और यही हाल धौलावीरा के हड़प्पन ठिकाने का है। इसकी खुदाई करनेवाले आए.एस. बिष्ट ने इस लेखक को जनवरी 2001 में बताया था कि हालाँकि उन्हें 'धौलावीरा में हजारों अस्थियाँ मिलीं, लेकिन उनमें घोड़े की एक भी अस्थि नहीं थी।' मध्य एशिया के इंडो-आर्यन और परिपक्व दौर की हड़प्पा सभ्यता के बीच सम्पर्कों से पूरी तरह इनकार नहीं किया जा सकता। हो सकता है हड़प्पा के कुछ लोग घोड़े से परिचित रहे हों, लेकिन यह पशु आम इस्तेमाल में तो नहीं आता था। यही वजह है कि अब हड़प्पा संस्कृति के महान पैरोकार बन चुके बी.बी. लाल 'ज्यादा-से ज्यादा उदाहरण सामने लाना चाहते हैं।'[3] उनके अनुसार 'भविष्य में होनेवाले उत्खनन से ऐसे और उदाहण आना बेहतर होगा, ताकि यह सुनिश्चित हो सके कि हड़प्पा के जीवन में अश्व की महत्त्वपूर्ण भूमिका थी।'[4] हालाँकि लाल ने पहले लिखा था 'ऊँट और अश्व पर साक्ष्य बहुत कम हैं, और सन्देह से बाहर नहीं हैं।'[5]

बैल को अश्व बताने की हाल के समय में की गई धूर्तता के बावजूद, किसी भी हड़प्पन मुद्रा में अश्व नहीं मिला।[6] इसी प्रकार इंडो-आर्यन संस्कृति की पहचान बना हुआ तीलियोंवाला पहिया भी हड़प्पन संस्कृति में कहीं नहीं है।

लाल को 'समुद्री व्यापार के...पर्याप्त साक्ष्य' मिलते हैं और वह कहते हैं कि इससे 'विशाल सम्पदा' अर्जित की गई। इसके पक्ष में वह ऋग्वेद की नौवीं पुस्तक और उसके ग्रिफिथ द्वारा किए अनुवाद से एक ऋचा को उद्धृत करते हैं।[7] इस

---

1. *'मिथिकल ट्विन्स ऑफ आर्यन इनवेज़न ऑफ इंडिया'* तथा *'एक्सटिंक्शन ऑफ हड़प्पन सिविलाइजेशन'* के अंश, बी.बी. लाल द्वारा दिया गया श्यामानंदन सहाय मेमोरियल व्याख्यान, 20 फरवरी, 2001
2. आर.एस. शर्मा, *एडवेंट ऑफ द आर्यन्स इन इंडिया* (मनोहर, नई दिल्ली, 1999), पृ. 42-43
3. वही, पृ. 43
4. ''ऋग्वैदिक आर्यन्स : द डिबेट मस्ट गो ऑन,' *ईस्ट एंड वेस्ट,* खंड-IIL , संख्या 3-4, दिसम्बर, 1998, पृ. 445-46
5. ए. घोस, सं., *एन इनसाइक्लोपीडिया ऑफ इंडियन आर्कियोलॉजी, खंड–I,* (मुंशीराम मनोहरलाल, न.दि., 1989), पृ. 85
6. फ्रंटलाइन, 13 अक्टूबर, 2000
7. बी.बी. लाल, द *अर्लियस्ट सिविलाइजेशन ऑफ साउथ एशिया, पृ. 285*

ऋचा में कहा गया है–'राय : समुद्रंस्कातुरो असंभयम सोम विश्वतः अपवस्वः सहस्रिनः।'[1] इसका अनुवाद है–'हे सोम, हर दिशा से, हमारे लाभ के लिए, अपने चारों समुद्रों को हजारों गुना सम्पदा से भर दो।' हम इसमें यह जोड़ सकते हैं कि जिस नौवीं पुस्तक में यह ऋचा है, वह पूरी तरह सोम को समर्पित है, और मुख्य पुस्तक में बाद में जोड़ी गई है। इसके अलावा ग्रिफिथ ने 'असंभयम' का अनुवाद 'हमारे लाभ के लिए' किया है, जिससे यह आभास होता है कि यह लाभ व्यापार से हुआ होगा, लेकिन गेल्डनर के अनुवाद में ऐसा कोई भ्रम पैदा नहीं होता।[2] हमें इस बात पर भी गौर करना चाहिए कि ग्रिफिथ ने चारों समुद्रों को काल्पनिक बताया है।[3] इस सन्दर्भ में सायन की टिप्पणी ज्यादा सारपूर्ण बात करती है। उसके अनुसार होम करनेवाला सोम से चारों समुद्रों से घिरे क्षेत्र पर नियन्त्रण का आह्वान कर रहा है।[4] किसी भी हाल में, 'समुद्री व्यापार' से 'विशाल सम्पदा' मिलने का कहीं कोई सन्दर्भ नहीं है। इसका अर्थ यह नहीं है कि आरम्भिक वैदिक लोग समुद्र से परिचित नहीं थे। वी.आई. सारियानिधि[5] और आर.एन. नन्दी[6] का मानना है कि लोग फारस की खाड़ी और मकरान के तट से होकर सिन्धु घाटी पहुँचे थे। नन्दी ने ऋग्वेद में समुद्र के अधिकांश सन्दर्भों का अध्ययन किया है। प्रथम से लेकर दसवीं पुस्तक तक के इस अध्ययन के आधार पर वह, जमीनी रास्ते के सन्दर्भ में, 'वस्तुओं की बिक्री' और 'छिटपुट व्यापार' की बात करते हैं।[7] लेकिन इन सन्दर्भों का अर्थ हम समुद्री व्यापार नहीं निकाल सकते।

परिपक्व हड़प्पा संस्कृति मूलतः नगरीय थी, जिसमें कारीगरी और व्यापार था, जबकि इसके विपरीत आरम्भिक वैदिक संस्कृति ग्रामीण और घुमन्तू थी। लाल इस बात को इंगित करते हैं कि अर्थव्यवस्था के जबरदस्त पतन के कारण हड़प्पा संस्कृति नगरीय से ग्रामीण हो गई।[8] इसका साफ अर्थ है कि फिर वहाँ शहर नहीं, सिर्फ गाँव होने चाहिए। लेकिन बी.बी. लाल इस बात पर जोर देते हैं कि भारत में गाँव और नगर हमेशा से रहे हैं और दोनों ऋग्वैदिक युग में भी थे। लेकिन हमें फिर एक बार इस बात पर ध्यान देना होगा कि *पुर* का अर्थ नगर नहीं होता।

1. IX. 33.6
2. हार्वड ओरियंटल सीटीज, खंड-XXXV (1951), पृ. 30
3. *द हायेमंस ऑफ ऋग्वेदा (पुनर्मुद्रित, दिल्ली, 1986), पृ. 483*
4. *कतुः सभुद्राभुद्रिता भूमंडलास्वामित्वम् एवा आसस्ते यजमनाः* ऋग्वेद पर टीका, IX 33.6 *ऋग्वेद संहिता,* खंड-III, संपादित, मैक्सम्युलर (लंदन, 1892)
5. *जर्नल ऑफ सेंट्रल एशिया,* खंड-1, अंक-1, 1978, पृ. 77
6. *इंडियन हिस्टोरिकल रिव्यू,* XX, अंक 1 व 2 (जुलाई 1994 व जनवरी 1995), पृ. 9-36
7. वही, पृ. 34-35
8. श्यामनन्दन सहाय स्मृति व्याख्यान, बी.बी. लाल, 2001, opcil

बड़े पैमाने पर आग में पकाई गई ईंटों का इस्तेमाल किया जाना हड़प्पा निर्माणों का सबसे अहम पक्ष था। मिस्र की सभ्यता में मुख्यतः सुखाई गई ईंटें इस्तेमाल में लाई जाती थीं। मेसोपोटामिया में आग में पकाई गई ईंटें इस्तेमाल में लाई जाती थीं, लेकिन उनके प्रयोग का स्तर हड़प्पा में कहीं ऊँचा था। जो लोग हड़प्पा के भवनों को ऋग्वैदिक लोगों से जोड़ना पसन्द करते हैं, उन्हें *स्तक* शब्द का अध्ययन करना चाहिए। *स्तक* शब्द ऋग्वेद में पूजा या बलि के सन्दर्भ में प्रयोग किया गया है, जो शुरुआती दौर में ईंट से सम्बन्धित नहीं था। अगर ऐसा रहा होता, तो *स्तक* शब्द ऋग्वेद में भी आया होता, जैसा कि बाद में ग्रन्थों में आया है। इसका स्पष्ट अर्थ है कि ईंटें नहीं थीं और इससे इस बात की भी पुष्टि होती है कि *पुर* का अर्थ किला, परकोटा या हड़प्पा के नगर नहीं थे। इन्द्र द्वारा पुरों को ध्वस्त करने, जिसके लिए इन्द्र को पुरू मदार कहा गया है, ई.पू. 2000 के बड़े भवनों से सम्बन्धित हो सकता है, जो बैक्ट्रिया-मारजियाना पुरातात्त्विक क्षेत्र में थे। तुर्कमेनिस्तान और उत्तरी अफगानिस्तान के इस क्षेत्र में ऋग्वैदिक इंडो-आर्यन सक्रिय रहे लगते हैं। हो सकता है, उन्होंने यहाँ ईंटें देखी हों, लेकिन वे ईंटों का प्रयोग करनेवाले नजर नहीं आते।

लाल ऋग्वेद में *अध्यक्ष, निधपति* और *रथपति* जैसे अधिकारियों के कामकाज का उल्लेख करते हैं।[1] इनमें से पहला शब्द ऋग्वेद में कहीं नहीं है। अन्तिम शब्द *रथपति* इसमें देवता के तौर पर प्रयोग किया गया है। अगर इसे योद्धाओं का प्रमुख मान भी लिया जाए, तो भी इससे किसी स्पष्ट प्रशासनिक कार्य का संकेत नहीं मिलता है। वास्तव में, जो लोग मवेशियों, अश्वों और रथों के स्वामी थे, वे वैदिक सभाओं पर हावी थे। दूसरा शब्द *निधपति* या जाल का स्वामी, आरम्भिक लोगों द्वारा जीवनयापन के लिए पक्षियों को पकड़ने और जानवरों का शिकार करने की पुष्टि करता है। जाल का प्रयोग पक्षियों और छोटे जानवरों को पकड़ने में किया जाता था।[2]

ऋग्वेद में गैर इंडो-आर्यन शब्दों की संख्या इस ग्रन्थ की भाषागत बहुलता को जताती है। इस ग्रन्थ में शामिल विदेशी शब्द सबसे आरम्भिक वैदिक ग्रन्थ में हड़प्पन भाषाएँ बोलनेवालों के योगदान को दर्शाते हैं। ऋग्वैदिक लोग इंडो-आर्यन भाषा बोलते थे। लेकिन चूँकि हड़प्पा की लिपि अभी तक पढ़ी नहीं जा सकी है, इसलिए हड़प्पा के लोगों द्वारा बोली जानेवाली भाषा के बारे में विश्वास के साथ कहना कठिन है।

---

1. बी.बी. लाल, 1998, opcil पृ. 444
2. शर्मा, *एडवेंट ऑफ द आर्यन्स इन इंडिया, Op cit.पृ. 36-41*

हाल ही में मिशेल विट्ज़ेल ने इस समस्या पर नई जानकारी देनेवाला एक अध्ययन किया है।[1] कुइपर को उद्धृत करते हुए वह कहते हैं कि ऋग्वेद में ऐसे कोई 300 शब्द, माने कुल शब्दों के लगभग 4 प्रतिशत ऐसे हैं, जो इंडो-आर्यन नहीं हैं।[2] इन शब्दों की पहचान करने की कोशिश तमाम विद्वानों ने की है। ऋग्वेद में 25 द्रविड़ शब्द हैं, और बरओ ने उत्तरवैदिक ग्रन्थों में ऐसे 85 शब्द खोज निकाले हैं।[3] टर्नर ने काफी सारे द्रविड़ शब्दों की इंडो-आर्यन भाषाओं में मीमांसा की और उन्होंने पाया कि ये शब्द अनाजों, बर्तन बनाने, शरीर के अंगों और नजदीकी रिश्तों से सम्बन्धित हैं।[4] उन्होंने इंडो-आर्यन भाषाओं में कुछ मुंडा शब्द भी चिह्नित किए। इनमें समयक्रम के अनुसार सबसे आरम्भिक ऋग्वेद में आए गैंडा, लांगल (हल) और लांगुल (पूँछ या बन्दर) शब्द[5] शामिल हैं। विट्ज़ेल कहते हैं कि ये शब्द पंजाब की ऋग्वैदिक भाषाओं में मौजूद थे।[6] उनके अनुसार ऋग्वेद के आरम्भिक हिस्सों में अर्ध-मुंडा शब्द आते हैं और मध्य व बाद के अंशों में द्रविड़ शब्द।[7]

सबसे ज्यादा सम्भावना इस बात की है कि वैदिक भाषा में द्रविड़ शब्द सिन्धु सभ्यता के अवशेषों के जरिए आए हों। इस समय द्रविड़ भाषा का एक रूप ब्राहुई ईरान, तुर्कमेनिस्तान, अफगानिस्तान, बलूचिस्तान और सिन्ध में प्रयोग होता है। 1980 में ब्राहुई भाषा बोलनेवालों की संख्या छह लाख थी। अनुमान है कि प्रोटो द्रविड़ एलामाइट ईरान से 4000 ई.पू. में इस उपमहाद्वीप की तरफ आ गए थे।

डीएनए आँकड़ों पर आधारित नवीनतम विचार इससे भिन्न है। डीएनए आँकड़े मानव शरीर के कुछ ऐसे गुणधर्म बताते हैं, जो पीढ़ी-दर-पीढ़ी चलते जाते हैं। एक डीएनए डाटा मार्कर से भारत में द्रविड़ आगमन की पहली लहर का पता चलता है। इस मार्कर को M 20 कहा जाता है और यह दक्षिण भारत के कुछ लोगों की करीब 50 प्रतिशत जनसंख्या में पाया जाता है। ये लोग द्रविड़ हैं और ये मध्यपूर्व से भारत में करीब 30,000 वर्ष पहले आए थे।[8]

1. माइकेल विट्ज़ेल, *'सबस्ट्रेट लैंग्वेजेज इन ओल्ड इंडो-आर्यन'*, *Opcit.*
2. वही, खंड 'ओ,' इसी आलेख में एक अन्य स्थान पर उन्होंने ऋग्वेद में 380 विदेशी शब्दों के होने की बात कही है।
3. आस्को पारपोला, डेसिफेरिंग द इंड्स स्क्रिप्ट (कैम्ब्रिज यूनिवर्सिटी प्रेस, 1994), पृ. 167-68
4. शर्मा, *एडवेंट ऑफ आर्यन्स इन इंडिया,* Op cit पृ. 56
5. वही।
6. माइकेल विट्ज़ेल, *'सबस्ट्रेट लैंग्वेजेज इन ओल्ड इंडो-आर्यन'*, Op cit खंड-1, 2-3
7. वही, पृ. 33, देखें *'आटोक्थोनस आर्यन्स? द एविडेंस फ्राम ओल्ड इंडियन एंड इरानियन टैक्स्ट,'* इलेक्ट्रोनिक जर्नल ऑफ वैदिक स्टडीज, खंड-VII, अंक 3 (मई 2001)
8. स्पेंसर वेल्स, *द जर्नी ऑफ मैन,* ए जेनेटिक ओडिसी, (प्रिंस्टन यूनिवर्सिटी प्रेस, 2002), पृ. 166

सिन्धु घाटी में मुंडा प्रवास पर कोई ध्यान नहीं दिया गया है, जबकि ऋग्वेद में अर्धमुंडा शब्दों की संख्या द्रविड़ शब्दों से कहीं ज्यादा प्रतीत होती है। आकलन किया गया है कि आस्ट्रो-एशियाटिक भाषाएँ बोलनेवाले लोग, जिनसे मुंडा सम्बन्धित हैं, भारत में करीब 50,000 वर्ष पहले होते थे। लेकिन वे हड़प्पा इलाके में कब आए ? एस.एस. सरकार मानते हैं कि वैदिक या आस्ट्रालाइड जातियों में पाया गया स्थानीय रक्त ही सिन्धु घाटी के लोगों का आधार वंश होगा।[1]

पुरातात्त्विक दृष्टि से, इस क्षेत्र में मुंडा भाषी लोगों के आगमन को उनके प्रसार के साथ जोड़कर देखा जा सकता है, जो ताँबे के औजार इस्तेमाल करते थे या जो सम्भवतः ताम्र-वर्णीय बर्तन इस्तेमाल करते थे। ताँबे के औजार मोटे तौर पर ई.पू. 2600 से ई.पू. 1100 के दौर के माने जाते हैं। ताँबे के औजारों के 40 से ज्यादा भंडार पाए गए हैं। ये भंडार पूर्व में पश्चिम बंगाल और उड़ीसा से लेकर पश्चिम में हरियाणा और गुजरात तक और उत्तर में उत्तर प्रदेश से लेकर दक्षिण में आन्धप्रदेश तक एक काफी व्यापक क्षेत्र में फैले हुए हैं।[2] ये झारखंड में भी मिले हैं, जहाँ, सिंहभूम जिले में ताँबे की सबसे बड़ी (130 किलोमीटर लम्बी) खदान है। लेकिन सबसे बड़ा भंडार मध्य प्रदेश के गुंगेरिया में मिला है, जिसमें ताँबे के करीब 424 औजार और हथियार हैं और चाँदी की पतली पट्टी से बनी करीब 102 वस्तुएँ हैं। ताँबे की वस्तुओं के मिलने के करीब आधे ठिकाने गंगा-यमुना के दोआब में हैं, खास तौर पर उसके ऊपरी हिस्से में। ऐसे में कोई सन्देह नहीं कि ताँबे की वस्तुएँ हड़प्पा के क्षेत्र में भी मिली हैं।

पारपोला ने दिखाया है कि गंगा के मैदानों से मिली ताँबे की वस्तुओं में शामिल तलवारें और पतली मूठ की कटारें ठीक वैसी ही हैं, जैसी उत्तरी अफगानिस्तान में मिली हैं।[3] इसी तरह उत्तरी अफगानिस्तान में मिले हत्थेदार हथौड़े भी ठीक वैसे ही हैं, जो कि ताम्र युग की पहचान माने जाते हैं।[4] हाल ही में राजस्थान से मिले एक ताम्र भंडार में भी हत्थेदार हथौड़े मिले। उपमहाद्वीप की ताँबे की वस्तुओं और उत्तरी अफगानिस्तान की वस्तुओं में इस तरह की समानता से इस क्षेत्र में मुंडा प्रभुत्व का पता चलता है। इसी कारण मुंडा शब्द ईसा पूर्व दूसरी सहस्राब्दि में अफगानिस्तान में भी ऋग्वेद में प्रवेश कर गए होंगे।

---

1. ए घोष, सम्पादित, एन इंसाइक्लोपीडिया ऑफ इंडियन आर्कियोलॉजी, Op cit पृ. 318
2. आर.एस. शर्मा, एंशिएंट इंडिया (एनसीईआरटी, नई दिल्ली, 1999)
3. आस्को पारपोला, 'द कमिंग ऑफ द आर्यन्स टु ईरान एंड इंडिया एंड द कल्चरल एंड एथनिक आइडेंटिटी ऑफ द दासाज,' इंटरनेशनल जर्नल ऑफ द्राविडियन लिंग्विस्टिक्स, खंड-XVII, अंक 2 (1988), पृ. 102
4. वही, पृ. 102-03

हड़प्पा क्षेत्र समेत उपमहाद्वीप विभिन्न इलाकों में ताँबे का प्रयोग करनेवाले लोग कहाँ से आए होंगे ? अयस्कों और कलाकृतियों पर मौजूद अशुद्धियों के उपलब्ध सीमित आँकड़ों के आधार पर डी.पी. अग्रवाल का मत है कि ताँबे की इस सामग्री को सम्भवतः सिंहभूम जिले की राखा खदान से जोड़ा जा सकता है,[1] जो कि झारखंड, उड़ीसा और पश्चिम बंगाल की सीमा पर पड़ती है। आज तक इस क्षेत्र में मुंडारी लोग और उनकी भाषाओं का प्रभुत्व है। बंगाल के लोगों के मूल और उनकी संस्कृति के बारे में किए गए हाल के एक अध्ययन में बताया गया है कि मुख्य जातीय समूह–जैसे कि वंगा, पुंड्रा आदि मूलतः आस्ट्रालाइड थे, जो शुरुआत में आस्ट्रो-एशियाटिक भाषाएँ बोला करते थे।[2] लगता है ताँबे का प्रयोग करनेवाले लोग यहीं से गए होंगे। चूँकि पूर्व और मध्य गंगा मैदानों के घने जंगलों को पार करना कठिन रहा होगा, इसलिए उन्होंने बिहार, उत्तरप्रदेश और मध्यप्रदेश की नदियों के किनारे का पठारी और पहाड़ी रास्ता चुना होगा और वे ऊपरी दोआब तक पहुँचने में सफल हो गए होंगे। सम्भवतः इससे मुंडाभाषी लोगों की ईसा पूर्व 2500 में हड़प्पा क्षेत्र में मौजूदगी को और ऋग्वेद में अर्धमुंडा शब्दों की उपधारा को भी समझा जा सकता है।

हाल ही में, इस बात को सामने लाया गया कि त्यौहारों के मौकों पर संथालों द्वारा इस्तेमाल किए जानेवाले प्रतीक चिह्न सिन्धु लिपि से मिलते-जुलते हैं। एक विचार है कि हड़प्पा के लोग संथाल क्षेत्रों में आए होंगे।[3] लेकिन वास्तव में हड़प्पा क्षेत्रों में पहुँचनेवाले संथाल या मुंडारी लोग थे। इस समय संथाल न केवल मुंडा जाति के सबसे बड़े कबीले हैं, बल्कि इस उपमहाद्वीप से सबसे बड़े मूल निवासी भी हैं। चूँकि हड़प्पा के लोग बहुभाषी थे, इसलिए लिपि पढ़ने की कोशिश में मुंडा शब्द और प्रतीक भी उन्होंने इस्तेमाल किए हो सकते हैं। तीन अमेरिकी विद्वानों द्वारा हाल ही में किए गए एक अध्ययन में, हड़प्पा की लिपि को प्रतीकात्मक बताया गया है, जो लेखन का हिस्सा नहीं थी।[4]

किसी भी स्थिति में, मौजूदा साक्ष्य यही बताते हैं कि द्रविड़ हड़प्पा संस्कृति के मुख्यतः दक्षिणी हिस्से में प्रभावी थे, जो सिन्ध और उसके आसपास के इलाके में था। ऋग्वेद के अन्य हिस्सों में मुंडा शब्द आने से संकेत मिलता है कि हड़प्पा संस्कृति के पंजाबवाले हिस्से में अर्धमुंडा भाषा बोली जाती थी।

---

1. ए. घोष, सं., ऐन इनसाइक्लोपीडिया ऑफ इंडियन आर्कियोलॉजी, Op cit, पृ. 324
2. अन्नपूर्णा चट्टोपाध्याय, *द पीपुल एंड कल्चर ऑफ बंगाल* (फर्मा केएलएम प्रा.लि., कलकत्ता, 2001)
3. अरुण पाठक और एन.के. शर्मा, *'इकोज़ ऑफ द इंड्स वैली'* (जानकी प्रकाशन, पटना, 1992)
4. इलेक्ट्रोनिक जर्नल ऑफ वैदिक स्टडीज, खंड-17, अंक 2 (2004), पृ. 19-57

पंजाबी शब्दों के अध्ययन से पंजाब में मुंडा मौजूदगी की समस्या पर और प्रकाश डाला जा सकता है। साधारण अध्ययन से भी पता चलता है कि पंजाबी में लड़की के लिए प्रयोग होनेवाला शब्द कुड़ी ही संथाली में भी होता है। इसी तरह पंजाबी में लड़के के लिए प्रयोग होनेवाला शब्द मुंडा एक मुंडारी शब्द है।

इस चर्चा से यह बात सामने आती है कि सामान्यतः न तो हड़प्पा संस्कृति के चिह्न ऋग्वेद में मिलते है और न ही ऋग्वेद के चिह्न हड़प्पा संस्कृति में मिलते हैं। हड़प्पा संस्कृति की पहचान नगरीय जीवन, कारीगरी व्यापार और बड़े भवनों से होती है, लेकिन ऋग्वैदिक संस्कृति ग्रामीण और घुमन्तू है। अश्व ऋग्वेद में एक अहम भूमिका निभाता है, लेकिन वह परिपक्व हड़प्पा संस्कृति में कहीं नहीं है। उपमहाद्वीप के उत्तर पश्चिमी क्षेत्र की कुछ नदियों के नाम ऋग्वेद में गैर इंडो-आर्यन भाषा में हैं। इसी तरह ऋग्वेद में मुंडा, द्रविड़ और अन्य गैर इंडो-आर्यन शब्दों से संकेत मिलता है कि वैदिक लोगों ने बर्तन बनाना और खेती करना हड़प्पा काल के आखिरी दौर के लोगों से सीखा होगा।

आई सी एच आर में मेरे अध्यक्षता काल (1972-77) के दौरान लेखों के प्रकाशन के प्रभारी रहे ए.एम. शास्त्री ने पुते हुए भूरे बर्तन धूसर मृदभांड के उत्तरवैदिक चरित्र पर सन्देह जताया था और उनका मानना था कि यह हड़प्पा का होगा। हम यह तो सदैव मान सकते हैं कि हड़प्पा संस्कृति के बचे-खुचे हिस्से में और उत्तर वैदिक लोगों में परस्पर संवाद होता होगा। मैं यह बात पहले ही इंगित कर चुका हूँ कि संस्कृति और उत्तर वैदिक संस्कृति लगभग एक जैसी ही हैं। ए. घोष[1] और बी.बी.लाल[2] दोनों ही इस मत का समर्थन करते हैं कि संस्कृति और उत्तर वैदिक संस्कृति लगभग एक-सी हैं। भले ही उत्तर वैदिक संस्कृति लौह युग से पहले की हो, लेकिन लोहे, अश्व और काँच का इस्तेमाल दोनों संस्कृतियों में नजर आता है। सर्वविदित है कि प्रौढ़ हड़प्पा संस्कृति में लोहा और अश्व नहीं है। संस्कृति और उत्तर वैदिक संस्कृति—दोनों में ही तपी हुई ईंटें, लिपि और बड़े भवनों का अभाव है, जो कि परिपक्व हड़प्पा संस्कृति में पाए जाते हैं। कुछ लेखक संस्कृति में चावल, सूअर और भैंस के प्रयोग से भ्रमित हैं। उन्हें इस बात को समझना चाहिए कि उत्तर वैदिक ग्रन्थों में मुख्यतः मुंडा और द्रविड़ शब्द ही हैं, और इसी अन्तक्रिया के कारण पी.जी. डब्ल्यू संस्कृति में गैरवैदिक तत्त्व शामिल हैं। प्राचीन संस्कृतियों के अध्ययन में विभिन्न जातीय और भाषायी समूहों के बीच

---

1. ए. घोष, सं., इनसाइक्लोपीडिया ऑफ इंडियन आर्कियोलॉजी,
2. ए. एच. दानी, व वी.एम. मैसन, सं., हिस्ट्री ऑफ सिविलाइजेशंस ऑफ सेंट्रल एशिया, खंड-1, (यूनिस्को पब्लिशिंग. पेरिस, 1992), पृ. 439

अन्तर्क्रिया की अनदेखी नहीं की जा सकती है, लेकिन ऐसा मानने का कोई कारण नहीं है कि हड़प्पा संस्कृति के उल्लेखनीय चरित्र उत्तरवैदिक संस्कृति में नजर आने लगे थे। हड़प्पा के लोगों की तरह पी.जी. डब्ल्यू संस्कृति के लोग भी सूअर पालते थे। लेकिन सूअर के लिए संस्कृत का शब्द, टर्नर के अनुसार एक मुंडा शब्द है। हड़प्पा के लोगों की तरह पी.जी. डब्ल्यू संस्कृति के लोग भी भैंस पालते थे, लेकिन उत्तर वैदिक ग्रन्थों में भैंस के लिए संस्कृत का शब्द ग्वाल आना इस बात का प्रतीक है कि इंडो-आर्यन भाषाएँ बोलनेवाले लोग भैंस की तुलना में गाय से ज्यादा परिचित थे।

पी.जी. डब्ल्यू सन्दर्भ में कई इंडो-आर्यन चरित्र नजर आते हैं, जो पंजाब, हरियाणा, पश्चिमी उत्तरप्रदेश और उत्तरी राजस्थान में दिखाई देते हैं। आर्यों के साथ जोड़े जानेवाले स्वास्तिक चिह्न की डिजाइन पी.जी. डब्ल्यू संस्कृति में दिखाई देती है। राजस्थान और पश्चिमी उत्तरप्रदेश के कम-से-कम पाँच स्थानों में जली हुई अस्थियाँ और भस्म के ढेर मिले हैं, जो दफनाने के प्रतीक हैं। इससे संकेत मिलता है कि शवों को जलाने के बाद दफनाया जाता होगा। हर हालत में, परिपक्व हड़प्पा संस्कृति के विशेष पहचान प्रतीक, जो ई.पू. 2000 में लुप्त हो गए थे, उत्तर वैदिक काल भें अनुपस्थित हैं।

यह तर्क दिया जाता है कि इंडो-आर्यन लोग हड़प्पा से प्रवास करके पश्चिम-एशिया और यूरोप पहुँचे थे। लेकिन फिर वे अपने साथ हड़प्पा की लिपि क्यों नहीं ले गए हम पाते हैं कि ई.पू. दूसरी सहस्राब्दि में पश्चिम एशिया के हिटीटे, कासीटे और मितानी लेखन में इंडो-आर्यन शब्द शामिल थे। लेकिन ये सारे शब्द सीधी और आड़ी लकीरों की लिपि में लिखे गए थे, उनमें से कोई भी शब्द हड़प्पा लिपि में नहीं मिलता है। बहुत बाद में, जब बौद्ध धर्म प्रचारक भारत में मध्य एशिया गए, तो वे अपने साथ ब्राह्नी लिपि और पालि ग्रन्थ ले गए।

इंडो-आर्यन लोगों के भारत से बाहर प्रसार होने के सिद्धान्त में सबसे बड़ी समस्या ऋग्वेद की भाषा है। यह ग्रन्थ इंडो-आर्यन भाषा के साथ मुंडा और द्रविड़ शब्दों का मिश्रण है। इसमें कुछ अन्य गैर-इंडो-आर्यन स्थानीय शब्द भी हैं, जिन्हें भाषाविज्ञान के तौर पर पहचाना नहीं जा सका है। यदि इंडो-आर्यन भाषा का प्रसार भारत से यूरोप की तरफ हुआ, तो हमें ग्रीक और अन्य भाषाओं में इंडो-आर्यन शब्द क्यों नहीं मिलते ? जाहिर है, इंडो-आर्यन लोगों ने हड़प्पा के अन्तिम चरण या उसके बाद के लोगों के सम्पर्क के परिणामस्परूप मुंडा, द्रविड़ और अन्य शब्दों को तब अपनाया, जब ऋग्वेद और अन्य वैदिक ग्रन्थों का संकलन किया जा रहा था।

यह भी तर्क दिया जाता है कि आर्यों का मूल निवास गंगा का क्षेत्र था, जहाँ उनका ई.पू.7000 में राज था, और वहाँ से उन्होंने दूसरे देशों में प्रवास किया।[1] लेकिन उस दौर में गंगा के मैदानों में किसी तरह की मानव बसावट होने का कोई पुरातात्त्विक प्रमाण नहीं है। फिर कर और लगान वसूली के बिना राजसत्ता कैसे पैदा हो सकती है ? ई.पू. 7000 के आसपास का दौर गंगा के मैदान में शिकार करनेवालों और तलाश करके भोजन जुटानेवालों का था। इस क्षेत्र में उगाकर भोजन जुटानेवाली बस्तियाँ ई.पू. 1200 के आसपास बसी हैं।

महाराष्ट्र को भी आर्यों का मूल निवास कहा जाता है। लेकिन इस क्षेत्र में भी ई.पू. 1500 से पहले किसी तरह की बसावट होने का कोई प्रमाण नहीं मिला है।

अब हमारे पास ऐसे ठोस वैज्ञानिक प्रमाण हैं, जिनके आधार पर स्पेन्सर वेल्स[2] ने कहा है कि इंडो-आर्यन लोग मध्य एशिया से भारत की ओर आए थे। मानवीय और अन्य जीवों के रक्त के जैनेटिक चरित्रों पर किया गया शोध इस पर प्रकाश डालता है। यह चरित्र एक पीढ़ी से दूसरी पीढ़ी में जाते हैं। जीव विज्ञानियों ने मध्य एशिया के स्टेपीज लोगों के एक सिरे से दूसरे सिरे तक आनुवंशिक गुणधर्म देखे। इन आनुवंशिक संकेतकों को कहा जाता है, और वे ई.पू. 8000 से दिखाई देते हैं। ये आनुवांशिक संकेतक मध्य एशिया के 40 प्रतिशत लोगों में पाए जाते हैं। जब वैज्ञानिकों ने वही संकेतक दिल्ली में खोजने की कोशिश की, तो हिन्दीभाषी लोगों के 35 प्रतिशत से अधिक में, जबकि द्रविड़ भाषाएँ बोलनेवालों के मात्र 10 प्रतिशत में इन संकेतको के चिह्न मिले। इस आधार पर जीवविज्ञानियों ने यह निष्कर्ष निकाला कि इंडो-आर्यन लोग मध्य एशिया से भारत की ओर आए थे। उनके अनुसार यह घटना प्रक्रिया ई.पू. 8000 में हुई थी लेकिन भाषाविज्ञानियों और पुरातत्त्वविदों के अनुसार यह ई.पू. 2000 की है।

हमें भूतकाल के इस्तेमाल में रूसी और तमाम इंडो-आर्यन भाषाओं में भारी समानता नजर आती है। रूसी में 'मैंने पढ़ा' के लिए 'या चिताल' और 'मैंने लिखा' के लिए 'या पिशाल' कहा जाता है। भूतकाल के लिए 'ई' से समापन करना बंग्ला, असमिया, उड़िसा, नागपुरी, मैथिली, भोजपुरी और मगधी में होता है। इसे मराठी में भी प्रयोग किया जाता है और कभी-कभी राजस्थानी में भी। पंजाबी में यह बहुत कम होता है। भाषाविदों को इंडो-आर्यन भाषाओं के रूसी सम्पर्कों पर भी ध्यान देना चाहिए लेकिन अन्तिम निष्कर्ष उस आनुवंशिक साक्ष्य का ही है कि इंडो-आर्यन लोग मध्य एशिया से भारत की ओर आए थे।

---

1. माइकेल विट्ज़ेल, इलेक्ट्रोनिक जर्नल ऑफ वैदिक स्टडीज, में उद्धृत, Opcit
2. स्पेंसर वैल्स, द जर्नी ऑफ मैन, ए जेनेटिक ओडिसी, Opcit, पृ. 167

11
निष्कर्ष की ओर

इस पुस्तक में जिन तत्त्वों का विश्लेषण किया गया है वे आर्य अथवा हिन्द-यूरोपीय संस्कृति के सूचक माने जा सकते हैं। पर उनका आविर्भाव एक ही समय एक स्थान पर नहीं होता है। वे पहले-पहल अलग-अलग काल और स्थान में पाए जाते हैं। दूसरी सहस्राब्दि ई.पू. आते-आते ये सारे तत्त्व एक क्षेत्र अर्थात् ईरान और भारत में केन्द्रित हो जाते हैं। आद्य हिन्द-यूरोपीय भाषा का जन्म छठी सहस्राब्दि ई.पू. में रखा जाता है। पालतू घोड़े उसी सहस्राब्दि ई.पू. में कालासागर और वोल्गा नदी के क्षेत्र में पाए जाते हैं। रथ या छकड़े के पहिए चौथी सहस्राब्दि ई.पू. में कालासागर और कैस्पियन सागरवाले इलाके में पाए जाते हैं, उसी समय वे मेसोपोटामिया में भी मिलते हैं। आरेवाले पहिए कॉकसस क्षेत्र में 2300 ई.पू. के लगभग सबसे पहले मिलते हैं, और फिर 1700-1600 ई.पू. के आसपास वे वोल्गा क्षेत्र के अन्द्रोनॉवो संस्कृति में पाए जाते हैं। पशुबलि की प्रथा दक्षिणी रूस और यूक्रेन में 4500 ई.पू. के आसपास मिलती है, किन्तु अश्वमेध की प्रथा दूसरी सहस्राब्दि ई.पू. के पहले नहीं पाई जाती है और उस समय भी यह केवल भारतीय उपमहादेश तक ही सीमित लगती है।

पुरुष-प्रधान समाज का संकेत उत्तरी यूरोप और कॉकसस क्षेत्र में चौथी सहस्राब्दि ई.पू. में मिलता है। दाहकर्म 5वीं सहस्राब्दि ई.पू. में ही दिखाई पड़ता है। इसके उदाहरण हॉलैंड, जर्मनी, पूर्वी यूरोप, इराक, और मध्य एशिया में अवस्थित कज़कस्तान में 5000-4000 ई.पू. के बीच पाए जाते हैं। यह स्पष्ट नहीं है घोड़े रखनेवाले समुदायों ने दाहकर्म पहले-पहल कब और कहाँ अपनाया। निस्सन्देह 1500 ई.पू. के आस-पास यह उनके बीच यूरोप और एशिया दोनों में प्रचलित था। इस काल में ही उनके बीच अग्निपूजा और सोम याग का प्रचलन हुआ, पर इन दोनों प्रथाओं का आरम्भ 1800 ई.पू. के आस-पास ईरान से सटे हुए तुर्कमेनिया के क्षेत्र में दिखाई पड़ता है। आद्य हिन्द-आर्य भाषा के प्रयोग का प्राचीनतम अभिलेखीय उदाहरण 2300-2100 ई.पू. में पश्चिमी एशिया में मिलता

है। अतएव ऊपर 'आर्य' संस्कृति की जो रूप-रेखा प्रस्तुत की गई है वह 2000 ई.पू. से बहुत पहले की नहीं हो सकती है।

आर्य संस्कृति के अधिकांश तत्त्व हिन्द-यूरोपीय भाषा की दोनों शाखाओं के बोलनेवालों में पाए जाते हैं। दोनों घोड़े का प्रयोग रथ और घुड़सवारी में करते थे। दोनों ने दाहकर्म को अपनाया था। दोनों में पशुबलि की प्रथा प्रचलित थी, और पश्चिमी शाखा के कुछ लोगों में अश्वबलि भी चलती थी। पुरुष-प्रधान परिवार भी दोनों शाखाओं में पाया जाता है। पत्नी को मारकर पति के साथ गाड़ना चौथी सहस्राब्दि ई.पू. में पोलैंड और बाल्टिक सागरवाले राज्यों में पाया जाता है। बाद में यह प्रथा सीथियनों की विशेषता बन गई और भारतवर्ष में सती के नाम से प्रसिद्ध हुई। याद रहे कि भारतीयों और ईरानियों दोनों के बीच अग्निपूजा, सोम याग और पशु-बलि का विशेष रूप से प्रचलन हुआ, पर बाद में दाहकर्म और अश्वमेध भारतीयों की विशेषता बन गए।

'आर्य' अथवा हिन्द-यूरोपीय संस्कृति के अनेक तत्त्व गैर-हिन्द-यूरोपीय जनसमुदायों से उधार लिए गए हैं। हिन्द-यूरोपीय भाषा की पूर्वी शाखा ने आर्य शब्द को पश्चिम एशिया की किसी भाषा से उधार लिया और अपनी भाषा में इसे स्थान देने के लिए व्याकरण के नियम बनाए। दाहकर्म पूर्वी यूरोप अथवा मध्य एशिया से लिया गया, और अग्निपूजा तथा सोम याग को सम्भवतः तुर्कमेनिया से अपनाया गया। शायद मेसोपोटामिया या कॉकसस क्षेत्र से घोड़े रखनेवाले समुदायों ने आरेवाले पहिए को अपनाया। सारे तत्त्वों को ढालकर एक नई संस्कृति कैसे बनाई गई, कहना कठिन है। इस एकीकरण की प्रक्रिया में घोड़ेवाले सरदारों की प्रधानता तो काम करती ही थी। साथ ही हिन्द-यूरोपीय भाषा की सम्प्रेषणशीलता का भी योगदान रहा होगा। ऐसा लगता है कि विभिन्न स्रोतों से प्राप्त कर्मकांड को पुरोहितों ने भाषा के द्वारा नई संस्कृति में आत्मसात् किया। सम्भवतः भाषा के द्वारा विभिन्न समुदायों को मिलाया गया और तकनीकी आदान-प्रदान बढ़ाया गया। धीरे-धीरे 2000 ई.पू. आते-आते घोड़ेवाले समुदायों ने मौलिक और उधार लिए गए तत्त्वों को मिलाकर मध्य एशिया में एक नूतन और स्वतन्त्र संस्कृति का सृजन किया।

आर्य संस्कृति को जानने के लिए **अवेस्ता** और **ऋग्वेद** का अध्ययन आवश्यक है, और फिर होमर की रचनाओं से भी बहुमूल्य सहायता मिलती है। साथ ही, भिन्न हिन्द-यूरोपीय भाषाओं में पाए गए सजात शब्दों के आधार पर आर्य संस्कृति का चित्रण किया जाता है। प्राचीनतम भारतीय और ईरानी ग्रन्थों में जो धार्मिक तथा सामाजिक रीतियाँ पाई जाती हैं उनकी प्रतिच्छाया अन्द्रोनॉवो

संस्कृति में मिलती है। इस संस्कृति में आर्य संस्कृति के अधिकांश लक्षण दिखाई देते हैं। घोड़े के इस्तेमाल और धार्मिक एवं सामाजिक पक्षों पर जिस सामग्री का हमने सर्वेक्षण किया है उसकी सम्पुष्टि 2300-600 ई.पू. में पाए गए पश्चिम एशियाई अभिलेखों से होती है। साथ ही, इन अभिलेखों में नई सामग्री भी मिलती है। दूसरी सहस्राब्दि ई.पू. में पाए गए भाषायी साक्ष्य का समर्थन पुरातात्त्विक सामग्री से होता है। एक के बाद एक आनेवाले अश्वारोही जत्थों के रास्ते का पता लगाना आसान नहीं है, पर ऐसा लगता है कि 2500 ई.पू. पहुँचते-पहुँचते हिन्द-यूरोपीय संस्कृति ने मध्य एशिया में हिन्द-ईरानी रूप धारण किया। जब इस संस्कृति के स्रष्टा धीरे-धीरे ईरान, अफगानिस्तान, पाकिस्तान और हिन्दुस्तान में जाकर बसे तो इसमें और भी बदलाव आए।

आर्य एवं हड़प्पा संस्कृतियों में भिन्नता को ये तथ्य बखूबी रेखांकित करते हैं। हड़प्पा एक नगर सभ्यता है जबकि वैदिक सभ्यता कांस्य युग में आई है किन्तु कांस्य युग का कोई प्रमाण नहीं है। हड़प्पा में लेखन प्रथा है किन्तु वैदिक युग में लेखन का प्रमाण नहीं मिलता।

गंगा के इलाके में 7000 ई.पू. में कांसे का अभाव था। नगरीय जीवन का अभाव था। लेखन कला का भी अभाव था।

हड़प्पा सभ्यता के रहनेवाले मुडारी और द्रविड़ थे। द्रविड़ अफगानिस्तान और बलूचिस्तान में रहते थे। उनकी भाषा ब्राहुई अभी भी सैंधव क्षेत्र में बोली जाती है। ऋग्वेद में मुंडा और द्रविड़ शब्द मिलते हैं।

सन्दर्भ ग्रन्थ

अंग्रेजी पुस्तकें

Agarwal, D.P. *The Archaeology of india*, Select Book Service Syndicate, New Delhi, 1984.

Aitreya Brahmana with the Commentary of Sayana, ed. T. Weber, Bonn, 1879. Tr. Martin Haug, Bombay, 1863. Tr. as Rg Veda Brahmanas : Aitareya and Kausitaki Brahmanas by A. B. Keith, Harvard Oriental Series, XXV, Harvard, 1920.

Allchin, Bridget and Raymond, The *Rise of Civilization in India and Pakistan,* Select Book Service Syndicate, New Delhi, 1983.

Anthony, David W. The "Kurgan Culture", Indo-European origins, and the domestication of the horse : A reconsideration, *in Current Anthropology* 27, No.4, Aug-Oct. 1986, pp. 291-313.

Apastamba Dharmasutra, ed. G. Buhler, Government Central Book Depot, Bombay, 1982-94.

Atharva Veda samhita (School of the Saunakas). ed.C.R. Lanman, tr. W.D.Whitney, Harvard Oriental Series, VII-VIII, Harvard University, Harvard, 1905.

Bailey, H.W. 'Iranian arya and daha', *in Transactions of the Philogical Society,* 1959, pp. 71-83.

Basham, A.L. *The Origins and Development of Classical Hinduism,* Oxford University Press, New Delhi, 1990.

Benveniste, E. *Indo-European Language and Society,* Faber and Faber, London, 1973.

Bongard-Levin. G.M., *The Origin of Aryans From Scythis to India,* Arnold-Heinemann, New Delhi, 1980.

Burrow, T. *The Sanskrit Language,* Faber and Faber, London, 1955.—'The Proto-Indoaryans', in *Journal of the Royal Asiatic Society,* 1973, pp. 123-40.

Buck, Carl D. *A Dictionary of Selected Synonyms in the Principal Indo-European Languages,* University of Chicago Press, Chicago, 1949.

A CA Book Review (of) *Archaeology and Language : The Puzzle of Indo-European Origins by Colin Renfrew in Current Anthropology,* 29, No. 3, June 1988, pp. 437-68.

The Cambridge Ancient History, Vol. l, Part 1, 3rd edn, ed. I.E.S. Edwards, C.J. Gadd and N.G.L. Hammond, Cambridge University Press, Cambridge, 170; Part II, 1971.

The Cambridge History of India, Vol. l. ed. E. J. Rapson, Cambridge University press, Cambridge, 1922.

Cardona, G. H. M. Hoeningswald and A. Senn. eds, *Indo-European and Indo-Europeans,* Pennsylvania Press, Philadelphia, 1970.

Childe, V.G. *The Aryans: A Study of Indo-European Origins,* Kegan Paul, Trench and Trubner, London, 1926.

Dani, A.H. *Recent Archaeological Discoveries in Pakistan,* UNESCO and The Centre for East Asian Cultural Studies, Tokyo. 1988.

Dani A. H. and V. M. Masson, *History of Civilization in Central Asia,* l, UNESCO Publishing, Paris, 1992.

Deva, K. and Vijayakanta Mishra, *Vaishali Excavcations :* 1950, Vaishali Sangha, Vaishali, 1961.

Dhavalikar, M.K. Cultwal Imperialism Indus Civilization in Western India Books and Books, New Delhi, 1995.

Diakonov, I. M., 'On the original home of the speakers of Indo-European', in *Journal of Indo-European Studies* (abbrev.JIES), 13,1985, pp. 92-201.

Fairservis Jr., Walter, A. *The Roots of Ancient India,* George Allan and Unwin, London, 1971.

Francfort, Henry-Paul. 'New data illustrating the early contacts between Central Asia and the north-west of the Subcontinent,' *in South Asian Archaeology* 1989, ed. C. Jarrige, Prehistory Press, Madison, 1992, pp. 97-102.

Gaur, R.C. *Excavations at Atranjikhera : Early Civilization of the Upper Ganga Basin*, Motilal Banarasidass, Delhi, 1983.

Gening, V.J. 'The cemetery at Sintashta and the early indo-Iranian peoples', in *JIES,* 7, 1979, pp.1-29.

Ghosh, A. 'Rajgir 1950', in *Ancient India,* No. 7, January 1951, pp. 66-78.

Ghosh, A.ed. *An Encyclopaedia of Indian. Archaeology* (abbrev.ELA), in 2 Vols, Munshiram Manoharlal, New Delhi, 1989.

Gimbutas, Marija, *Bronze Age Cultures in Central and Eastern Europe,* Mouton, The Hague, 1965.

—'The Kurgan wave 2 (c.3400-3200 BC) into Europe and the following transformation of culture,' *in JIES*, 8, Nos. 3 and 4, 1980, pp. 273-315.

—'Comments' on David W. Anthony, 'The "kurgan culture", Indo-European origin and the domestication of the horse : A reconsideration', in *Current Anthropology,* 27, No. 4, Aug-Oct. 1986.

—'The social structure of old Europe', in *JIES*, 18, Nos. 3-4, 1990, pp. 225-284.

Gnoli, Gherardo. *The idea of Iran : An essay on its origin, Instututo Italiano* per II Medio Ed Estremo Oriente, Roma, 1989.

Gurney, O. R. *The Hittites,* Allen Lane, London, 1975.

Habib, Irfan and Faiz Habib, 'The Historical Geography of India, 1800-800 BC', in *Proceedings of the Indian History Congress,* 52nd session, K.M. Shrimali, Secretary, Indian History Congress, Department of History, University of Delhi, New Delhi, 1991-92. pp. 72-97.

Indian Archaeology-A review, (Abbrev. IAR), 1984-85, 1985-86, 1986-87, 1987-88 and 1988-89, Archaeological Survey of India, Government of India, New Delhi.

Hansen, L J. 'Death and the Indo-Europeans : Some traditions,' in *JIES,* 8 Nos. 1-2, 1980, pp. 31-40.

Hunter, Willian A. *Introduction to Roman Law,* London, 1934.

Gonda, Jan. *Vedic Literature* (Samhitas and Brahmanas) vol. I fasc 1of *A History of Indian Literature* ed. Jan Gonda Wiesbaden, 1975.

The iliad of Homer, tr. E.V.Rieu, reprint, Penguin, Harmondsworth, 1986.

Joshi, J.P. *Excavation at Bhagwanpura* 1975-76, Archaeological Survey of India, Government of India, New Delhi, 1993.

—*Excavation at Surkotada and Exploration in Kutch,* Memoirs of the Archaeological Survey of India, No. 87, Archaeololgical Survey of India, Government of India, New Delhi, 1990.

Kane. P.V. *History of Dharmasastra,* Vo.II, pt. 2, Bhandarkar Oriental Research Institute, Poona, 1974.

Lal, B.B. 'Some reflections on the structural remains at Kalibanga', in B.B. Lal and S.P. Gupta, eds. *Frontiers of the Indus Civilization,* Books and Books, New Delhi, 1984, pp. 55-62.

—'The Painted Gray Ware culture of the Iron Age', in A.H. Dani and V.M. Masson, *History of Civilizations in Central Asia,* UNESCO Publishing, Paris. Oct 1992, pp. 421-440.

Lincoln. Bruce, *Priests, Warriors and Cattle,* University of California Press, Berkeley and Los Angeles, 1982.

Macdonell, A. A. and A.B. Keith, *Vedic Index of Names and Subjects,* Vols.1 and 2, Indian Text Series, London, 1922, reprint, Motilal Banarasidass, Delhi, 1967.

Mallory, J.P. *In Search of the Indo-Europeans Languages, Archaeology* and Myth, Thames and Hudson, Paperback edn, London, 1991.

Mallory. J.P. 'Migration and Language Changes,' in Peregrinatis Gothica III, Norway, 1991, University Letets Oldsaksamlings, Oslo, 1992, pp. 145-154.

Manu Smriti or Manava Dharmasastra, ed. V.N. Mandlik, Ganpat Krishnaji's Press, Bombay, 1886.

Marshall, Sir John, ed. *Mohenjo-daro and the Indus Civilization,* 3 Volumes, Arthur Probsthain, 41 Great Russel Street. London, 1931.

Mishra, Padma. *Evolution of the Brahman Class,* Banaras Hindu University, 1968.

Monier-Williams, M. *A Sanskrit-English Dictionary,* Oxford University Press, reprint, Motilal Banarasidass, Delhi, 1986.

Narain, A. K. 'On the first Indo-Europeans : The Tokharian-Yuezhi and their Chinese homeland', in *Inner Asia,* No.2, Indian University Research

Insitute for *Inner Asian* Studies, Bloomington, 1987.

Narain, A.K. and T.N. Roy, *Excavations at Rajghat,* part II, Banaras Hindu University, Varanasi, 1977.

Narain, A.K. and T.N. Roy, *The Excavations at Prahladpur* (March-April 1963), Banaras Hindu Univevsity, Varanasi, 1968.

The Odyssey of Homer, tr. E.V. Rieu, reprint, Penguin. Harmondsworth, 1986.

Parpola, A. 'The coming of the Aryans to Iran and India and the cultural and ethnic identity of the dasas,' in *International Journal of Dravidian Linguistics,* XVII, No. 2,pp. 85-228.

Poliakov, L. *The Aryan Myth : A history of racist and nationalist ideas in Europe,* tr. Edmund Howard, Chatto Heinemann for Sussex University Press, London, 1974.

Possehl, G.L. and Paul Rissman, 'India.' in *Chronologies in Old World Archaeology,* III edn, ed. Robert W. Ehrich, The University of Chicago Press, 1992.

Rao, S. R. *Lothal and the Indus Civilization,* Asia Publishing House, Bombay, 1973.

—*Lothal : A Harappan Port town* (1955-62), *Memoirs of the Archaeological Survey of India,* No. 78, Archaeological Survey of India, Government of India, New Delhi, Vol. 1, 1979. Vol. II, 1985.

Renfrew, C. *Archaeology and Language :* The Puzzle of Indo-European origins, Penguin. Harmondsworth, 1989.

Renou, L. *Vedic India,* Indological Book House, Varanasi, 1971.

Rg *Veda Samhita* with the commentary of Sayana, 5 Vols, Vaidik Samshodhan Mandal, Poona, 1933-35. Tr. of the first six Mandalas, H.H. Wilson. London, 1850-57. Tr. under the title *The Hymns of the Rg Veda* by Ralph T. H. Griffith, reprint, Motilal Banarasidass, Tr. in German, K.F. Geldner, Delhi, 1986, Der Rig-Veda, HOS, XXXIII-XXXVI, Cambridge, Massachusetts, 1951-57.

Roux, G. *Ancient Iraq,* II edn, Penguin, Harmondsworth, 1980.

Sankalia, H.D. *The Prehistory and Protohistory of India and Pakistan,* (abbrev. PPIP), new edn, Deccan College Postgraduate and Research

Institute, Poona, 1974.

Satapatha Brahmana (Madhyandina recension). ed. V. Sharma Gauda and C.D. Sharma, Kasi, Samvat 1994-97, tr. J. Eggeling, *Sacred Books of the East Series,* (abbrev. SBE), XII, XXVI, XLI, XLIII, and XLIV, reprint, Motilal Banarasidass, Delhi, 1963.

Shaffer, J.G. 'Indus Valley, Baluchistan and the Helmand,' in *Chronologies in Old World Archaeology,* III edn, ed. Robert W. Ehrich, Vol. 1, The University of Chicago Press, Chicago and London, 1992.

Sharma, R.S. *Perspectives in Social and Economic History of Early India,* Munshiram Manoharlal, Delhi, 1983.

—*Material Culture and Social Formations in Ancient india,* Macmillan, Delhi, 1992.

—*Origin of the State in India,* University of Bombay, Bombay, 1989.

—*Sudras in Ancient India,* III edn, Motilal Banarasidass, Delhi, 1990.

—*Aspects of Political Ideas and Institutions in Ancient India,* III edn, Motilal Banarasidass. Delhi, 1991.

—*Looking for the Aryans,* Orient Longman, Madras, 1994.

Sherratt, A. 'Plough and Pastoralism : Aspects of the secondary products revolution', in I. Hodder, G Isaac and N. Hammond, eds, *Pattern of the Past : Studies in Honour of David Clarke,* Cambridge University Press, Cambridge, 1981, pp. 261-305.

Sherratt, Andrew and Susan Sherratt, 'The archaeology of Indo-European : An alternative view', in *Antiquity*, 62, No. 236, 1988, pp. 584-95.

Singh, P. and M. Lal, 'Narhan : 1983-85—A Preliminary Report of Archaeological Excavations', in *Bharati*, NS, No. 3, 1985, pp.120-21.

Singh, P. *Excavations at Narhan* (1984-89), Banaras Hindu University and D. K. Publishers, New Delhi, 1994.

Sinha, B.P. and B.S. Verma, *Sonpur Excavations* (1956 and 1959-62), Directorate of Archaeology and Museums, Bihar, Patna, 1977.

Sinha, B.P. and S.R.Roy, *Vaishali Excavations* 1958-62, Directorate of Archaeology and Museums, Bihar, Patna, 1969.

Sinha, B.P. and L.A. Narain, *Patliputra Excavations,* Directorate of

Archaeology and Museums, Bihar, Patna, 1970.

Smith, Morton, R. 'What is in a name (in ancient India)?', in *JIES,* 12, 1984.

Stacul, G. 'Cremation graves in northwest Pakistan and their Eurasian connections : Remarks and hypotheses', in *East and West,* ISMEO, Rome, New Series, 21, Nos. 1-2 (March-June 1971), pp. 9-19.

—*Prehistoric and Protohistoric Swat, Pakistan* (c. 3000-1400BC), ISMEO, Rome, 1987.

—'Swat, Pirak, and connected problems (mid-2nd millennium BC)' in *South Asian Archaeology* 1989, ed. Catherine Jarrige, Prehistory Press, Madison, 1992, pp. 267-270.

Thapar, B.K. 'Synthesis of the multiple data as obtained from Kalibangan', in D.P. Agarwal and A. Ghosh, ed. *Radiocarbon and Indian Archaeology,* Tata Institute of Fundamental Research, Bombay, 1973, pp. 264-71.

Tilak, B.G. Arctic Home of the *Vedas*, Poona.

Tripathi, Vibha. 'Early historic archaeology and radiocarbon dating', in *The Indian Historical Review,* XIV, Nos. 1-2, 1987, pp. 20-35.

Turner, R.L.*A comparative Dictionary of the Indo-Aryan Languages,* Oxford University Press, London, 1966.

Vats, M.S, *Excavations at Harappa,* 2 Vols, Government of India, Delhi, 1940.

Voigt, M. and R.H. Dyson, 'Iran' in *Chronologies in old World Archaeology,* 3rd edn, ed. Robert W. Ehrich, Vol. I, The University of Chicago Press, Chicago and London, 1992.

The Zend Avesta, Pt. 1, The Vendidad, tr. James Darmesteter, *SBE,* Vol. IV, reprint, Part II, tr. James Darmesteter, SBE, Vol. XXIII, reprint, Motilal Banarasidass, Delhi, 1988. Pt. III, tr. L.H.Mills, SBE, XXXI, reprint, Motilal Banarasidass, Delhi, 1988.

Zvelebil Marek and Kamil V. 'Agriculture transition and Indo-European dispersals, in *Antiquity,* 62, No.236, Sept, 1988, pp. 574-583.

हिन्दी ग्रन्थ

राहुल सांकृत्यायन, *मध्य एशिया का इतिहास* (पहला भाग), बिहार राष्ट्रभाषा परिषद, पटना, 1956

रामशरण शर्मा, *प्राचीन भारत में भौतिक प्रगति एवं सामाजिक संरचनाएँ*, राजकमल प्रकाशन, नई दिल्ली, 1990

प्राचीन भारत में राजनीतिक विचार एवं संस्थाएँ, राजकमल प्रकाशन, नई दिल्ली, 1990

–*भारत में राज्य की उत्पत्ति*, पीपुल्स पब्लिशिंग हाउस, नई दिल्ली, 1992

–*शूद्रों का प्राचीन इतिहास*, राजकमल प्रकाशन, नई दिल्ली, 1992

–*प्रारम्भिक भारत का आर्थिक और सामाजिक इतिहास*, दिल्ली विश्वविद्यालय, दिल्ली, 1993

अनुक्रमणिका

अनुक्रमणिका

●●●